PaidoSophos
das innovative
Bildungsunternehmen
in Darmstadt

Das Buch:

Nach dem großen Vorbild Salomo Friedländer, der Kant für Kinder als Fragelehrbuch zum sittlichen Unterricht schon 1924 in die Schulen bringen wollte, versuchen Birgit Becker und Marc Borner nun einen weiteren Vorstoß und bringen Kant nicht nur theoretisch, sondern sehr spielerisch nah.
Eine Dokumentation ihrer fünfjährigen Erfahrung an einem Gymnasium in Darmstadt.

Die Autoren:

Birgit Becker ist Pädagogin M.A. und Mutter zweier Kinder. Sie forscht seit 2003 wissenschaftlich auf dem Gebiet „Philosophieren mit Kindern". Seit 2004 gibt sie Seminare u.a. an der TU Darmstadt. Nach drei Jahren als wissenschaftliche Mitarbeiterin im Arbeitsbereich Pädagogik der Natur und  Umweltwissenschaften bei Professor Euler, gründete sie zusammen mit Judith Ebersoll (geb. Pfeiffer) 2011 in Darmstadt das Institut Philosophieren mit Kinder mit dem Namen Paidosophos. Die vorliegende Arbeit wurde 2007 zusammen mit Marc Borner verfasst.

 *Dr. Marc Borner* ist klinischer Psychologe an der Universitätsklinik Charité in Berlin. Neben Psychologie hat er Philosophie und Zoologie studiert und beschäftigt sich mit der Philosophie des Geistes, des Körpers, der Emotionen und der Aufklärung. 2002 begann er, inspiriert von Ekkehart Martens, philosophische Seminare für Kinder an mehreren Schulen im Rhein-Main Gebiet zu geben. Er ist fest davon überzeugt, dass Philosophie praktisch umgesetzt werden kann und dass gerade das Philosophieren mit Kindern dazu beiträgt, das ursprüngliche Staunen über die Welt zu erhalten und zu fördern: Vor allem über diesen Anker kann man Spaß und Freude am Denken entdecken und entwickeln. Philosophie ist dabei eine beständig ergänzte Landkarte. Sie hilft sich im Denken zu orientieren.

für alle fragenden Kinder

Um doppelte Schreibweisen verschiedener Wörter, die für beide Geschlechter existieren zu vermeiden, haben wir im Folgenden konsequent die weibliche Schreibweise benutzt (z.B. Spielleiterin). Dies soll natürlich nicht bedeuten, dass nur das eine Geschlecht für entsprechende Abschnitte in Frage kommt und auch keine Diskriminierung in irgendeiner Weise ausdrücken.

© 2016 Paidosophos Becker&Pfeiffer GbR,
2007, TU Darmstadt, Werksarbeit, Birgit Becker, Marc Borner
Umschlag: K.Dufter (Autor), www.photocase.de/de /photodetail.asp?i=47353,
Grafiken: Marta Cadena Arias
Herstellung und Verlag:
BoD – Books on Demand, Norderstedt
ISBN 9783848219162

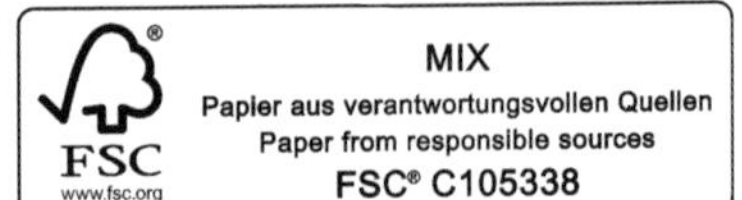

Inhalt

Den zweihundertsten Todestag von Immanuel Kant im Jahre 2004 nahmen der Philosoph Marc Borner und die Pädagogin Birgit Becker zum Anlass, um ein kinderphilosophisches Konzept zu entwerfen, das auf verschiedene Jahrgangs- und Schulstufen übertragbar sein sollte. Beide hatten das große Glück, dass der „Kantianer" Professor Peter Euler aus dem Institut Pädagogik der TU Darmstadt sich sofort für dieses Projekt begeisterte und sich bereit erklärte, dieses Vorhaben tatkräftig zu unterstützen. Aus diesem Angebot heraus entwickelte sich eine enge Zusammenarbeit und ein regelmäßiges zweimonatiges Treffen. Diese Treffen waren für das Projektteam Borner/Becker notwendig, um die eigenen Gedanken der kantianischen Philosophie mit denen eines „Kantprofis", der sich über mehrere Jahrzehnte hinweg für die kantianische Philosophie begeisterte, abzugleichen. Eine Verständnisklärung und das Ausräumen von üblichen Missverständnissen war aber nur ein Grund, warum die Zusammenarbeit so wertvoll war. Ein anderer Grund war die manchmal fremd erscheinende, philosophische Umsetzung und Übertragbarkeit auf Kinder und Jugendliche. Die Sprache von Immanuel Kant spiegelt die Zeit wider, in der er lebte - leider ist sie für Kinder und selbst für Jugendliche sehr fremd und fast schon unnahbar. Wir wollten aber auch nicht auf sie verzichten, selbst wenn wir klar von einer Textbearbeitung Abstand nahmen. Einen sehr guten Kompromiss fanden wir darin, seine Sprache in Satzauszügen in die moderne Sprache zu übersetzen. Dies auch mit der Motivation, nicht viel von ihm verlieren zu wollen. Durch mehrmaliges Wiederholen in der Schülerinnengruppe stellt sich meist die Einsicht heraus, dass die Texte nicht so fremd und unverständlich sind, wie sie auf den ersten Blick scheinen, selbst wenn wir mit großen Begriffen zu kämpfen haben. Im Laufe seiner Zeit verwendete Kant immer bedeutungsträchtigere Begriffe (z.B. „das Ding an sich", „Vernunft", „Verstand"), zu denen frau erst einmal einen Zugang finden muss, um über sie reden zu können. Am Ende seines Schaffens verstrickte sich Kant in seine eigenen Begriffe so sehr, dass nur er selbst sie verstand. So weit darf es in einer Philosophiegruppe nicht kommen. Eine Begriffsklärung bzw. Definition muss also mit der Gruppe stattgefunden haben, bevor diese aus der kantischen Sprache übersetzt werden können. Das Projektteam Borner/Becker setzte sich vor die große Aufgabe, die kumulativen Gedanken Kants mit Kindern und Jugendlichen nachzuvollziehen und selbst zu erarbeiten. Das Philosophieren mit Kant ist im kantischen Sinne gemeint. Immanuel Kant zeigt mit seinen vier grundsätzlichen Fragen:

→ Was können wir wissen?

→ Was sollen wir tun?

→ Was dürfen wir hoffen?

→ Was ist der Mensch?

wie ein Richtungsweiser den Weg, aber gehen muss diesen Weg jeder für sich.

Die Zusammenarbeit mit Professor Euler, um das Konzept „Kant für Kinder" auf sichere Füße zu stellen, war intensiv und ging über zwei Jahre. In dieser Zeit bildete sich zusätzlich der feste und interdisziplinäre Arbeitskreis „Philosophieren mit Kindern" an der TU Darmstadt, der zusätzlich konzeptionelle Arbeit leistete und sechs Jahre wirkte.

Diese Zusammenschrift ist nun das Produkt einer fünfjährigen Erfahrung an der Justus-Liebig-Schule, einem Gymnasium in Darmstadt.

Das Konzept „Kant für Kinder" ist nicht linear zu verstehen, sondern soll Möglichkeiten und Alternativen bieten, um sich zusammen mit einer immer neu zusammengesetzten Kinder- und Jugendgruppe auf den kantischen Weg zu machen.

Jedes Kapitel der Arbeit ist gegliedert in

- Vorüberlegung,

- Umsetzung und

- Erfahrung aus dieser Umsetzung

Die „Vorüberlegungen" stellen den Horizont unserer Überlegungen dar, den wir versuchen zu erreichen und nicht aus den Augen verlieren wollen. Die „Umsetzung" ist meist eine praktische Möglichkeit mit einem guten Potential für einen großen philosophischen Inhalt, um zu den Vorüberlegungen zu kommen. Wohingegen die „Erfahrungsberichte" diese „Umsetzungsmöglichkeiten" in Bezug auf die „Vorüberlegungen" reflektieren.

Das Buch ist nicht als Einführung in die Methode des Philosophierens mit Kindern zu verstehen, hierzu sind schon einige herausragende Werke u.a. von Barbara Brüning erschienen. Mit "Spuren der Philosophie im Kind" veröffentlichte Paidosophos 2012 eine wissenschaftliche Einführung in die Bildungsidee des Philosophierens.

1. Was kann uns die Beschäftigung mit Menschen früherer Zeiten geben?

1.1 Reichen unsere heutigen Fragen nicht aus?

Schon Kinder stoßen auf grundlegende philosophische Fragen, die nachdenkliche Menschen seit den Vorsokratikern bis heute beschäftigt haben. Fragen sind nicht losgelöst von Zeit und Raum. Unsere heutigen Fragen sind das Produkt der Antworten, die sich aus früheren Fragen ergeben haben. Es ist unmöglich, den Hintergrund aktueller Fragen zu verstehen, wenn sie losgelöst von der Zeit betrachtet werden. Wenn wir die Beweggründe des Handelns verstehen und uns nicht manipulieren lassen wollen, führt uns das zu den Hintergründen der Fragen und Antworten. Gedanken üben Macht aus und können uns beherrschen. Was führt uns zu diesen Gedanken und eventuell zu dem Drang, diese Frage klären zu wollen? Und wie kommen wir zu genau dieser Antwort?

Mit der Beantwortung dieser Fragen in der abstrakten Reflexion verknüpft die einzelne Person sich mit ihrem geistigen Kulturerbe. Diese Verknüpfung mit dem geistigen Erbe ist bildend und gibt eine Sicherheit im eigenen Denken.

Leider finden diese Fragen in unserer Gesellschaft so gut wie keine Wertschätzung und werden nur selten aufgefangen. Nicht nur Kindern fehlt der Anreiz und die Motivationsgründe nach-zu-denken, ihre Gedanken zu formulieren, miteinander auszutauschen und zu diskutieren. Heutige Erwachsene haben das nicht anders erlebt und fühlen sich für das reflektierte Nachdenken nicht ausreichend gerüstet. Kinder dürfen in ihren Gedankengängen jedoch nicht ohne Lösungsansätze und -anreize alleine gelassen werden.

Hierbei können Menschen von früher nicht nur Vorbild sein für die eigenen Gedankengänge, sondern auch Anlass dafür, die eigenen Fragen bewusst anzuerkennen und sich selbst Respekt zu zollen.

Ebenso führt die Wertschätzung und Anerkennung der ausformulierten Frage eines Fremden zu einem tieferen Verständnis und damit zu einer Wertschätzung und Anerkennung der eigenen Frage.

Es ist also für das eigene Selbstbild geboten, sich mit der Geschichte verwurzelt zu sehen und einen Blick auf vergangene Gedanken zu werfen, um die gegenwärtigen Fragen verstehen zu können. Doch wie sehen Jugendliche die eigene Verwurzelung mit der Vergangenheit?

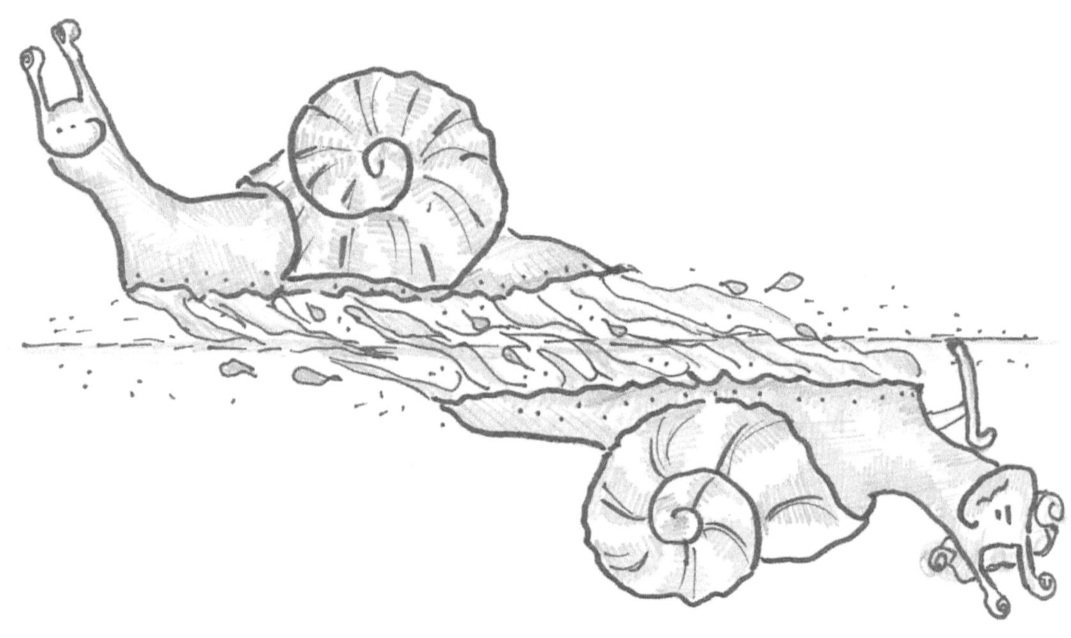

Was haben wir mit den Fragen unserer Vorfahren zu tun?

1.2 Die philosophische-praktische Umsetzung

Das philosophische Thesentennis

Um dieser Frage auf den Grund zu gehen, spielten wir mit einem Kreis von Kindern das philosophische Thesentennis. Dieses Spiel betont den philosophischen Aspekt des logischen und aufeinander aufbauenden Argumentierens.

Der Raum wird hierzu in zwei Hälften geteilt, mittels Kreide oder einem Bindfaden oder es wird ein innerer und ein äußerer Stuhlkreis gestellt. Die Spielführende stellt zwei Thesen auf, die sich widersprechen. Die Thesen werden auf ein Papier geschrieben und in je eines der beiden Felder gelegt. Bei der genannten Frage, „Ist es sinnvoll, sich mit Menschen von früher zu beschäftigen?"; lauten die Thesen:

1. Es ist sinnvoll, sich mit Menschen von früher zu beschäftigen

   und

2. Es ist sinnlos, sich mit Menschen von früher zu beschäftigen.

Beim Thesentennis folgt ein argumentativer Aufschlag dem Nächsten.

Die Mitspielerinnen verteilen sich auf die Felder, zu denen sie am meisten Argumente finden. Die Spielregeln sind die allseits bekannten Gesprächsregeln: Wenn eine Teilnehmerin einer Gruppe redet und ihre Meinung begründet, hören alle anderen zu. Hat eine Spielerin aus dem anderen Feld ein Gegenargument parat, das ihr Argument entkräftet, darf sie es ihr „entgegen schleudern".

Das Spiel geht so lange, wie den Teilnehmenden Argumente einfallen, wobei die Mitspielenden auch die Felder während des Spiels wechseln können. Die Spielleiterin muss darauf achten, dass die Argumente aufeinander aufbauen und die Teilnehmerinnen aufeinander eingehen. Am Anfang kann sie sich auch selbst in eines der Felder begeben, sollte sich aber, wenn das Spiel gut läuft, selbst argumentativ zurückziehen. Es ist ihr freigestellt, wenn es den Spielerinnen an Ideen mangelt und das Spiel stockt, mit kurzen eigenen Ideen den Mitspielerinnen auf die Sprünge zu helfen. Zum Schluss kann in der Gruppe besprochen werden, welches Feld die besseren und glaubwürdigeren Argumente hatte und welcher These deshalb im Folgenden nachgegangen wird.

Eine andere Möglichkeit wäre, dass jede Spielerin ihr bevorzugtes Thesenfeld noch einmal aufsucht und das Argument, das am stärksten diesen Standpunkt untermauert hat, noch einmal kurz in einem Satz zusammenfasst. Es muss dabei gar nicht das eigene Argument sein, für das sie sich entscheidet. Das Spiel kann von 15 Minuten bis zu einer halben Stunde dauern und kann selbstverständlich von der Spielleiterin unterbrochen werden.

Spielerisch lernen die Teilnehmenden, dass es sich empfiehlt, andere Meinungen zu tolerieren und die eigene Ansicht argumentativ schlüssig darzustellen, wenn frau eine vorteilhafte Diskussionskultur schaffen möchte.

1.3 Erfahrungen mit der Umsetzung

Die Spielidee wird erfahrungsgemäß sofort aufgegriffen. Nicht immer wird zu jedem Argument ein Gegenargument gefunden, aber wenn das der Fall ist, werden diese Thesen meistens von allen akzeptiert. Die Teilnehmenden haben zum größten Teil keine Probleme damit, dass nicht immer alle überzeugt und ins eigene Feld gezogen werden können. Argumente, wie 'Ohne das Wissen über die Menschen, die vor uns gelebt haben, wären wir nicht auf unserem heutigen Wissensstand', wechseln sich ab mit Argumenten wie 'Man muss doch nicht wissen, wie vergangene Menschen darauf gekommen sind, wenn es irgendwo in einem Chip gespeichert ist, reicht das doch für unser heutiges Wissen aus.' Im besten Fall können die Diskussionen um die Bedeutung von dynamischem, flexiblem Wissen zu festem, unveränderlichem Wissen kreisen und damit schon richtungsweisend für die erste Frage Immanuel Kants „Was können wir wissen?" sein.

Falls die Teilnehmerinnen die beiden Ausgangsthesen nicht annehmen, weil sie weder das eine noch das andere für sinnvoll halten, kann man die Thesen dahingehend (schon am Anfang) umformulieren, um die Diskussion direkt zu den Gedanken zu führen:

1. Es ist sinnvoll sich mit den Gedanken von früher zu beschäftigen.

   und

2. Es ist sinnlos, sich mit den Gedanken von früher zu beschäftigen.

Im Laufe dieses Spiels vermitteln sich Kinder direkt untereinander die Vor- und Nachteile, die es mit sich bringt, sich mit den Gedanken von anderen zu beschäftigen. Die Gedanken von Menschen sind an ihre Lebensumstände geknüpft. Die

Frage, wie unsere Vordenker zu ihren Gedanken gekommen sind, kann nicht aus dem Inhalt der Gedanken herausgehalten werden.

Während des Spiels bewährt es sich wichtige Auszüge aus den Argumenten an der Tafel festzuhalten.

Im Anschluss an das Thesentennis hat sich eine metaanalytische Anschlussfrage, d.h. eine Frage, die das eben behandelte reflektiert, bewährt. Die Spielleiterin spitzt dies zu indem sie fragt:

Was ist das Gefährlichste, das wir haben, das jeder herstellen kann, das unbemerkt transportiert wird und niemand aufhalten kann?

Die offensichtlichste Antwort auf diese Frage lautet: "ein Gedanke". Interessant ist es in diesem Zusammenhang zu fragen: Aber warum eigentlich?

Wie gefährlich können Gedanken sein?

Im Thesentennis führen die Teilnehmenden sich meistens gegenseitig zu den Gedanken. Diese Gedanken führen zu weiteren Gedanken und auch zu zahlreichen anderen Fragen. Aber sind Gedanken denn wirklich so gefährlich?

Die Spielleiterin kann in den Raum werfen, ob Gedanken Macht haben können und welche Art der Macht das wäre. Mögliche Fragen an die Gruppe wären:

Vielleicht können die Teilnehmenden historische Beispiele nennen? Können Gedanken überhaupt die Welt verändern? Können Gedanken gut oder schlecht sein? Oder nur die daraus resultierenden Entscheidungen? Kann man Gedanken in sich selbst prüfen? Oder muss man sie erst Wirklichkeit werden lassen? Geschieht dieses Wirklich-werden-lassen bereits im Geiste, wie Kant und Hegel behaupten oder muss man sie praktisch in der Welt realisieren, wie beispielsweise Karl Marx behauptet? Kann man Gedanken kontrollieren? Oder Gedanken als Waffe einsetzen? Dürfen alle Gedanken in die Welt kommen? Machen wir uns beim Denken auch Gedanken darüber, wie der Gedanke die Welt verändert? Oder welche Welten durch diesen Gedanken gar nicht mehr wären?

Unterschiedliche Gedanken erzeugen unterschiedliche Welten und damit unterschiedliche Wahrheiten.

Wo liegt dabei die absolute Wahrheit? Brauchen wir überhaupt eine? Liegt sie in Gott oder einer heiligen Schrift? Können Menschen sie auch alleine entdecken? Oder ist sie den Menschen gänzlich und für immer verschlossen? Können Gedanken neue Wirklichkeiten erzeugen? Kann man Gedanken zähmen? Verändern mich Gedanken als Denkende? Kann frau mit Gedanken andere verwandeln? Können Ideen ein Eigenleben führen? Verändern sie alles, wenn sie über uns kommen? Schlummern sie in uns und warten auf bestimmte Bedingungen, um zum Vorschein zu kommen?

Die Spielführende kann diese Fragen als Anreiz nehmen, sich selbst zu hinterfragen und sie in die Diskussion mit den Teilnehmenden gegebenenfalls einbringen.

Auf keinen Fall sollte sie die Fragen „abarbeiten" und den Teilnehmenden aufzwingen! Einige führen im jeweiligen Moment zu weit und sind sicherlich nicht für jede Gruppe und deren Diskussion geeignet. Sie dienen v.a. als Anregung für die Spielleiterin, um das Spiel im gegebenen Zeitpunkt in die Tiefe führen zu lassen. Die Fragen stellen das eigene Denken in den Mittelpunkt - einen der wichtigsten Aspekte beim Philosophieren.

Häufig erkennen die Teilnehmenden ihre Verwurzelung in der Geschichte und gelangen zur einer Einsicht, die von vielen getragen wird; dass es nämlich sinnvoll ist, sich mit vergangenen Menschen zu beschäftigen, weil wir voneinander lernen, klüger werden und eine bessere Welt gestalten wollen. Gedanken und Ideen sehen viele Teilnehmerinnen an als die Triebkraft des Fortschritts und der Entwicklung des Menschen hin zu einer besseren Welt. Dennoch darf als Fazit nicht unterschlagen werden, dass die gegen-argumentierende Gruppe in vielen Bereichen überzeugende Arbeit geleistete hat und vielleicht sogar den Schlagabtausch gewinnt.

An diesem Punkt entscheidet es sich nun, ob wir fremde Menschen und ihre Gedanken kennenlernen oder unsere eigenen beleuchten wollen.

Wie wichtig sind die Wurzeln unserer Erkenntnis?

2. Warum Kant?

Der deutsche Philosoph Immanuel Kant gehört zu den bedeutendsten Philosophen des Abendlandes. Seine Entwicklung und Wirkungsgeschichte entfaltet sich in seinem Grundgedanken von der Kritik der reinen Vernunft über die Ethik, Rechts- und Geschichtsphilosophie bis zur Philosophie der Religion und der Kunst. Den denkerisch revolutionären Ideen von Kant, der auch der Kopernikus des Denkens genannt wird, kann man sich schon viel früher annähern, als es Kindern und Jugendlichen gemeinhin zugetraut wird. Das Annähern an seine Gedanken halten viele Menschen heutzutage immer noch für wichtig und unumgänglich, um unser eigenes Menschenbild zu formen und kritisch in unserer Gesellschaft zu reflektieren. So geht beispielsweise bei den Vereinten Nationen (UNO) der Grundgedanke eines Strebens nach einem ewigen Frieden aller Völker explizit auf Kant zurück. Das geistige Erbe Kants ist grundlegend für das Verständnis unserer europäischen Geisteskultur ab dem 18. Jahrhundert. Unser eigenes Denken führt uns dabei immer wieder zu den vier von ihm als grundsätzlich aufgeworfenen Fragen:

1. Was können wir wissen?

2. Was sollen wir tun?

3. Was dürfen wir hoffen?

4. Was ist der Mensch?

1781 veröffentlichte Kant die Antwort auf seine erste Frage. In der Grundlegung zur Metaphysik der Sitten (1785) wurden anschließend die Fragen zwei und drei vorbereitet und in der Kritik der praktischen Vernunft (1788) zu beantworten versucht. Der Kant-Experte Salomo Friedländer ist der Ansicht: "Immanuel Kant ist der einzige Philosoph, der die Macht der freien, von aller Rücksicht auf Natur (zum Zwecke der überwindenden Beherrschung der Natur) gänzlich losgelösten Vernunft so triftig bewiesen hat, wie der Rechenmeister sein Einmaleins. Dieses sichere Beweisverfahren ist es, durch das sich die Kantische Sittenlehre zur Einführung in die Schulen besonders empfiehlt."[1] So fordert Friedländer erstmals in seinem Werk „Kant für Kinder" aus dem Jahre 1924, dass sich Jugendliche schon in der Schule mit Kant auseinandersetzen und mit seinem Sittengesetz vertraut gemacht werden sollten. „Kant für Kinder soll die Unterweisung in christliche Lehren ersetzen."[2] „Sittlichkeit (...) auf der Schule gelernt, ist wichtiger als Technik, Astronomie und Kunst."[3] Leider scheiterte Friedländer mit seinem in Zwie- und Lehrgespräch gehaltenem, hervorragenden Werk zunächst an der trägen Reformfähigkeit der Schule und der Macht der Kirchen. Unmittelbar nach Kriegsende unternimmt er daher einen zweiten Versuch. „Es wird nämlich ein Schulbuch gesucht, um die deutschen Kinder zu entgiften. Ich schlug KANT FÜR KINDER vor. Ich wandte mich mit diesem Vorschlag auch an einen amerikanischen Offizier, den wir durch Baumgardt kennen. Denk' mal, wenn das Erfolg hätte!"[4] Leider scheiterte er ein weiteres Mal und sein Werk wurde lange vergessen.

Bis heute kann man von Glück sprechen, wenn engagierte Pädagoginnen Schülerinnen mit Kerngedanken von Kant konfrontieren. Leider ist Schule immer noch ein philosophiefeindlicher Ort, der um Muße und kritische Gedanken kämpfen muss.

---

[1] Friedländer, Salomo. (2004). Kant für Kinder. Georg Olms Verlag: Hildesheim. Seite 13
[2] Ebenda. Seite 104
[3] Ebenda. Seite 18
[4] Ebenda. Seite 120. Friedländer: Postkarte an seinen Sohn Heinz Ludwig (1913-1988, seit 1939 interniert), 14 Mai 1945. H.P. Adams: Professor der Philosophie in Birmingham; Baumgardt (1890-1963), Professor der Philosophie in Berlin, emigrierte 1937 nach Birmingham, geht 1939 in die USA, Freund Friedländers. Heinz Ludwig meldet sich in einem Brief an die Eltern vom 10. Juli 1945: „Mrs. Adams schreibt, dass sie fürchtet, das aus dem Plan mit dem 'Kant für Kinder' nichts wird. Das wäre sehr schade! Kommt die Menschheit nie zur Besinnung?" und im Brief vom 16. Juli: „Wenn doch der K. f. K. Genommen würde." (alle FMAG)

2.1 Wer war Kant?

Zur besseren Einordnung soll an dieser Stelle kurz auf das Leben von Immanuel Kant eingegangen werden. Als viertes von neun Kindern eines Riemermeisters besuchte Kant von 1732 bis 1740 das streng pietistische Gymnasium Fridericianum in Königsberg. 1740-46 studierte er an der königsberger Universität; danach unterrichtete er als Hauslehrer (Hofmeister) bei verschiedenen Familien in Ostpreußen. 1754 kehrte er nach Königsberg zurück, wurde zum Magister promoviert, habilitierte sich und nahm eine thematisch sehr breite Vorlesungstätigkeit auf: Logik, Metaphysik, Moralphilosophie,

Mathematik, Physik, Geographie (die er als akademisches Lehrfach einführte), später noch Anthropologie, Pädagogik, Naturrecht, natürliche Theologie, gelegentlich auch Festungsbau. Seine ungesicherte wirtschaftliche Lage besserte sich aber erst 1770, als ihm endlich die Professur für Logik und Metaphysik übertragen wurde; Rufe nach Erlangen, Jena und Halle lehnte er ab. 1796 stellte er seine Vorlesungen ein, 1801 zog er sich ganz aus den akademischen Ämtern zurück.

Zu Kants Werken zählen:

1746: Gedanken von der wahren Schätzung der lebendigen Kräfte.

1755: Allgemeine Naturgeschichte und Theorie des Himmels.

1763: Der einzig mögliche Beweisgrund zu einer Demonstration des Daseins Gottes.

1764: Untersuchung über die Deutlichkeit der Grundsätze der natürlichen Theologie und der Moral. Beobachtungen über das Gefühl des Schönen und Erhabenen.

1766: Träume eines Geistersehers, erläutert durch Träume der Metaphysik.

1770: De mundi sensibilis atque intelligibilis forma et principiis (Inauguraldissertation).

1781: Kritik der reinen Vernunft.

1783 Prolegomena zu einer jeden künftigen Metaphysik, die als Wissenschaft wird auftreten können.

1785: Grundlegung zur Metaphysik der Sitten.

1786: Metaphysische Anfangsgründe der Naturwissenschaft.

1787: Kritik der reinen Vernunft.

1788: Kritik der praktischen Vernunft.

1790: Kritik der Urteilskraft.

1793: Religion innerhalb der Grenzen der bloßen Vernunft.

1795: Zum ewigen Frieden.

1797: Metaphysik der Sitten.

1798: Der Streit der Fakultäten.

1798: Anthropologie in pragmatischer Hinsicht.

Kant für Kinder - Birgit Becker, Marc Borner

Berichte von Zeitzeugen und Freunden von Immanuel Kant namens Borowski, Jachmann und Wasianskis wurden 1912 von Felix Groß zusammengefasst (Neuauflage im Jahr 1993) und geben einen guten Überblick über Gebräuche und Vorlieben von Kant. Selbst wenn Borowski, Jachmann und Wasianskis keinen kritischen, sondern eher einen heroisierenden Einblick bieten, kann aus vereinzelten Zitaten ein fast zeitgleiches Bild von Kant entstehen, das heute in dieser Art nicht zu leisten ist und allein daher Gewinn bringend ist. Wir wollen Sie durch diese Ansammlung von Zitaten ein wenig das zeitgenössische Gefühl seiner Weggefährten erleben lassen und haben diese daher weiter unkommentiert gelassen:

"In früheren Jahren ging er von dem Mittagessen, nach Endigung seiner Vorlesungen auf ein Kaffeehaus, trank da eine Tasse Tee, unterhielt sich über Ereignisse des Tages oder spielten eine Partie Billard. Damals liebste er auch in der Abendgesellschaft das L'hombre-Spiel, weil er glaubte, daß es den Geist in Tätigkeit setze. Er soll sehr fertig darin gewesen sein." (B, Seite 49)

"Dagegen einen sehr geringen Wert nur setzte K. Auf Beredsamkeit. (...) Beredsamkeit war unseren Kant weiter nichts, als die Kunst zu überreden, den Zuhörer zu beschwatzen." (B, Seite 68)

"Die hervorstechendste Kraft des Kantischen Geistes aber war, Begriffe zu zergliedern und sie in ihre einfachsten Bestandteile und Merkmale zu zerlegen. Durch dieses tiefe Forschungsvermögen blieb seinem Geistesblick nichts verborgen; was in der physischen und intellektuellen Welt dem menschlichen Geiste erkennbar ist, ward seinem Späherblick offenbar. Daher entdeckte er so leicht das Fremdartige in den Begriffen anderer, daher drang er mit seinem Scharfblick auf den Grund des Irrtums, daher enthüllte sich so leicht seinem Auge die Wahrheit in ihrem hellsten Lichte. Dies Vermögen, einzelne Begriffe bis in ihre einfachsten Vorstellungen zu verfolgen und voneinander abzusondern, blieb auch am längsten ein Eigentum seines Geistes...." (J, Seite 114)

"Daher dauerte auch eine Tafel, an welcher Kant aß, mehrere Stunden, weil er die Tafel nur als ein Bereicherungsmittel, die Unterhaltung aber für den Zweck ansah und den Genuß der Speisen und Getränke nur als eine sinnliche Abwechslung und Erhöhung eines geistigen Vergnügens benutzte." (J, Seite 159)

"Kant aß nur einmal am Tage, und zwar zu Mittage, aber mit einem sehr starken Appetit. Den ganzen übrigen Tag genoß er nicht das mindeste außer Wasser." (J, Seite 167)

"Kant war weder Atheist noch Materialist..." (J, Seite 151)

"Nach einer künftigen Gemeinschaft mit großen Geistern strebte der Mann mit großem Geiste nicht, sondern nach einer Gemeinschaft mit Edlen und Rechtschaffenen. (...) Kant suchte seiner künftigen Seligkeit nicht in der wechselseitigen Mitteilung höherer Weisheit, sondern in dem Umgange mit reinen, tugendhaften Seelen." (J, Seite 152)

"Er wußte es, wie weit ein Staatsbürger, selbst als Weltbürger und Weltweiser, gehen könne und überschritt diese Grenze nie. Er hielt mit gewissenhafter Strenge an den Gesetzen seines

Vaterlandes; er hing mit herzlicher Ergebenheit an seine Landesfürsten; er liebte sein Vaterland; er war stolz darauf, Bürger eines Staates zu sein, in welchem eine unbeugsame Gerechtigkeit herrschte und dessen Fürsten selbst nach den Idealen einer vollkommenen Staatsverfassung hinstreben, und er fachte selbst in den Herzen seiner Zuhörer und seiner Freunde eine reine Vaterlandsliebe an. Kant war nichts weniger als ein Revolutionär." (J, Seite 155)

"Er hatte gewiß alle Achtung für das weibliche Geschlecht und schätzte viele talentvolle und kenntnisreiche Damen als seine Freundinnen; aber eben deshalb meinte er: ein jedes Frauenzimmer müßte seiner allgemeinen Ausbildung unbeschadet, sich noch für die speziellen Zwecke als Gattin und Hauswirtin gehörig ausbilden, um ihre künftige Bestimmung ganz zu erfüllen." (J, Seite 169)[5]

2.1.1 Das 18. Jahrhundert

Wenn wir uns mit Menschen vergangener Zeit und ihren Gedanken beschäftigen, sollten wir die Lebensumstände, die zu diesen Gedanken führten, näher beleuchten.

Wie sah es damals aus? Welche politischen Systeme beeinflussten Kant? Und vor allem:
Was taten die Kinder in dieser Zeit?

Das 17. und 18. Jahrhundert war ein Ausdruck der puritanischen Familienmoral der strenge Dualismus von Haus und Welt. Kinder wurden von allem fern gehalten. Einmal der Entzug der Anschauung der Hauswirtschaft und desweiteren der Entzug der Anschauung der produktiven Arbeit und Arbeitsteilung und die dazukommenden unterschiedlichen

---

[5]Alle Zitate sind aus dem Werk von: Gross, Felix. (1993) Immanuel Kant. Sein Leben in Darstellungen von Zeitgenossen. Die Biographien von L.E. Borowski (B), R.B. Jachmann (J) und E.A.Ch. Wasianski (W). Wissenschaftliche Buchgesellschaft Darmstadt

Sozialbeziehungen zu Dienstboten und Nichtverwandten entleeren für Kinder die häusliche Sphäre von Inhalten. Zudem begann eine zunehmende Emotionalisierung der Eltern-Kind–Beziehung, gekoppelt mit zunehmend starken erotischen Barrieren. Die bürgerliche Familie gruppierte sich in Deutschland später als in anderen europäischen Ländern um den festen Familienkern bzw. die engere Verwandtschaftsfamilie. Dennoch wurden Kleinkinder ähnlich wie im Mittelalter aufgezogen. So resümiert Donata Elschenbroich (1977):

"Nach wie vor werden die Kinder im Kleinkindalter außerhalb des eigenen Hauses in Pflege gegeben, (...) nur in den ganz großen Häusern, am Hof, werden die Ammen im Haus aufgenommen, wo sie dann allerdings innerhalb der Hierarchie der Bediensteten bevorzugt werden, (...) ein oder zwei Dienstboten zur Verfügung haben."[6]

Genauso mittelalterlich war im 18. Jahrhundert die immer noch übliche Tradition, dass der älteste Sohn eine Karriere im Militär machen sollte. Je mehr die Bildung und Ausbildung für die Erhaltung des Staatswesens bedeutsam war, umso mehr wurde sie zur grundlegenden Notwendigkeit. War sie im Mittelalter und zu Beginn der Neuzeit noch weitgehend Privileg, wurde sie jetzt zur Pflicht - selbst wenn der damalige Bildungsbegriff unserem heutigen nicht annähernd nahe kommt. Ein wichtiger Schritt in diese Richtung war sicherlich die Einführung der Schulpflicht 1794 in Preußen. Preußen, einer der mächtigsten Territorialstaaten Deutschlands, entdeckte die Schule als wichtiges Instrument der Staatsbildung. Die schulische Entwicklung der Untertanen stand im Dienst der Entwicklung eines blühenden Staatswesens. So brachte die Einführung der Schulpflicht nicht nur weniger verkrüppelte Menschen in das

---

[6]Elschenbroich, Donata. Kinder werden nicht geboren. Studien zur Entstehung der Kindheit. Päd. Extra buchverlag. 1977, Seite 103

Militär, weil die Kinder von der harten körperlichen Arbeit auf die Schulbank gezwängt wurden, sondern auch eine staatliche Einflussnahme auf das Gedankengut der Kinder. Schiffler und Winkeler zählen in ihrem Werk „Tausend Jahre Schule" weitere Gründe der Schulpflicht auf:

"Mit ihrer Hilfe versuchen sie, die Armut, die Unwissenheit und die Lethargie des Volkes zu bekämpfen und dadurch die Armenkassen zu entlasten, von ihr erwarten sie auch, dass sie das Arbeitskräftepotential für die merkantile Volkswirtschaft und die staatliche Bürokratie heranzieht, daß sie die Untertanen den Zwecken des Staates verfügbar macht, dass sie den Jungen das Lesen und Schreiben lehrt, weil sie es im Militärdienst brauchen - und nicht zuletzt: In den Schulen kann man auch die vielen Kriegsinvaliden als Lehrer unterbringen, damit sie nicht länger der Staatskasse zur Last fallen."[7]

Motiviert dadurch wurde im allgemeinen Landrecht festgehalten:

"§1. Schulen und Universitäten sind Veranstaltungen des Staates, welche den Unterricht der Jugend in nützlichen Kenntnissen und Wissenschaften zur Absicht haben.

§2. Dergleichen Anstalten sollen nur mit Vorwissen und Genehmigung des Staates errichtet werden. §43. Jeder Einwohner, welcher den nötigen Unterricht für seine Kinder in seinem Hause nicht besorgen kann oder will, ist schuldig, dieselben nach zurückgelegtem fünften Jahre zur Schule zu schicken."[8] (zit. nach Schiffler/ Winkeler: Tausend Jahre Schule)

Mit der Aufklärung entwickelte sich auch ein neues Erziehungsziel, das sich vor allem von der Prügel- und Unterwerfungspädagogik des Mittelalters absetzen wollte.

---

[7]Schiffler, Winkeler
[8]Schiffler, Winkeler Tausend Jahre Schule

Neuhumanistische Erziehungsleitbilder kamen auf, die für Selbstentfaltung und die Bildung von Herz, Kopf und Hand eintraten. Ihr berühmtester Vertreter war der Pädagoge Johann Heinrich Pestalozzi (1746-1827). Obwohl in der Theorie und Praxis der Unterrichtsmethoden wesentliche Verbesserungen erzielt wurden, konnte seinem Ideal nur schwer gefolgt werden; Dafür waren die politischen und gesellschaftlichen Umwälzungen in der Gesellschaft dieser Zeit zu vielfältig. Geprägt von der beginnenden Industrialisierung kam es zu einer fortschreitenden Differenzierung der Lebens- und Arbeitswelt, die sich auch auf den Schulalltag niederschlug. Für höher gestellte und begüterte Familien war der Besuch einer Schule meist unter ihrer Würde. Gouvernanten, bzw. Hauslehrerinnen sorgten für die Bildung der Mädchen, während Hofmeister und Hauslehrer sich um die Bildung der Jungen kümmerten. Dazu zählten jedoch nur 2-4 % der Gesamtbevölkerung. Die Mehrzahl der Kinder kam in der Aufklärungszeit schon kaum mit Lesen und Rechnen viel weniger aber noch mit einer Bildung ihrer Persönlichkeit in Berührung. Hierbei wäre die Dorfschule zu erwähnen, die die große Anzahl armer Bauernkinder auffing:

"In vielen Dörfern wird zwar Schule gehalten, aber nicht von einem vorbereiteten, geprüften, förmlich angesetzten und besoldeten Lehrer, sondern die Gemeinde mietet sich, für drei oder vier Wintermonate, irgendeinen leicht zu befriedigenden Schneidergesellen, der dann mit seiner Schule wöchentlich von einem Hause zum anderen wandert, und ebenso in der Reihe von den Hauswirthen gespeiset wird. (...) Oft hütet dann ein und derselbe Mann im Sommer das Vieh, im Winter die Jugend des Dorfes; und die Vereinigung dieser beiden Posten ist immer noch natürlicher und begreiflicher, als wenn, wie dies würklich

auf mehreren Dörfern der Fall ist, der Schulmeister, um leben zu können, zugleich der Nachtwächter ist."[9]

Nur wenigen Dorfkindern gelang es mit einem staatlichen oder kirchlichen Stipendium eine weiterführende Schule zu besuchen.

2.2 Die philosophische-praktische Umsetzung

Unterstützt von vielen Bildern wagen wir uns in den Philosophiegruppen an eine für Kinder unbekannte Zeit heran. Das Abstrakte zu visualisieren und Kinder in ihre jeweiligen Interessen mit allen Sinnen abzuholen, ist unser pädagogisches Ziel beim philosophieren mit Kindern. Eine Computerpräsentation über das 18. Jahrhundert machte in einer unseren ersten philosophischen Stunden die fremde Person Immanuel Kant für die Gruppe bekannt, so dass wir Kant anschließend selbst einen eigenen Platz im Stuhlkreis anbieten konnten. Stellen Sie in Ihre philosophische Runde einen zusätzlichen Stuhl und lassen sie ihn für Ihren Gast Immanuel Kant auch während der nächsten Seminare frei. Eine laminierte Abbildung von ihm mit seinen Lebensdaten kann ihn

---

[9] zit. nach Schiffler, Horst; Winkeler, Rolf. (1991) Tausend Jahre Schule. Eine Kulturgeschichte des Lernens in Bildern. Stuttgart, Zürich: Belser Verlag. Seite 58 ff.

bereits spielerisch in die Gegenwart holen. Wenn die Teamerin Kant zu Wort kommen lassen möchte, setzt sie sich auf seinen Stuhl und gibt, zum Beispiel bei dem Vortrag über das 18. Jahrhundert stellvertretend für diesen sehr persönliche Eindrücke von sich und versucht immer wieder die Welt der Teilnehmenden mit 'der eigenen' Aufklärungszeit zu verbinden.

Geschichtliche Eckdaten alleine aber wirken oftmals etwas trocken. Sie geben noch keinen guten Einblick in Zeit und Leben des 18. Jahrhunderts. Verknüpfen Sie daher die momentanen Erfahrungs- und Lebenssituation Ihrer teilnehmenden Kinder mit der des 18. Jahrhunderts. So kann es zu einem ganz persönlichen geschichtlichen Einblick kommen. Frau kann diese Erfahrung verstärken, indem aktuelle Fragen und Bedürfnisse auf eine fremde Zeit projiziert werden. In unserer Runde achteten wir v.a. auf Informationen über folgende Bereiche:

Welche Mode herrschte in dieser Zeit? Welche Musik wurde gehört? Wie wurde getanzt? Mit welchem Geld wurde bezahlt? Wer herrschte über Königsberg (die Geburtsstadt Kants) in dieser Zeit? Welche Hobbies hatte Kant? Welche Aufgaben hatten Kinder und Jugendliche in einem bestimmten Alter? Wo wären sie jetzt in eurem Alter? Wie sah Darmstadt (oder eine andere Stadt) im 18. Jahrhundert aus? Welche Gebäude gab es schon? Wozu wurden sie benutzt?

Auch Immanuel Kant geben wir bei der Darstellung des 18. Jahrhunderts einen Platz.

Nach der thematischen Einstimmung auf das 18. Jahrhundert und den Philosophen Immanuel Kant, möchten wir im Folgenden Kants philosophischen Weg beschreiten und uns zunächst mit der ersten Frage beschäftigen „Was können wir wissen?"

Rein informative Vorträge, wie sie in einer Computerpräsentation auftreten, sollten möglichst kurz gehalten werden, da die Konzentration bei reinen Vorträgen, die länger als zwanzig Minuten dauern, stark nachlässt. Unsere Präsentation wurde immer wieder unterbrochen durch aktive Verknüpfungen der Lebensbereiche der Schülerinnen mit dem 18. Jahrhundert und von den Teamerinnen bereitgestellte persönliche Anekdoten des anwesenden Immanuel Kants. Damit entstand automatisch bei den Zuhörenden eine persönliche Anknüpfung an eine fremde Zeit und eine gelebte Geschichte.

Eine Enzyklopädie für Außerirdische

Als Reflexionsmittel, um uns an das selbsterarbeitete Wissen der letzten Stunde zu erinnern, führen die Teamerinnen in der ersten Stunde nach der Einführungsveranstaltung eine „Enzyklopädie für Außerirdische" (vgl. Ekkehart Martens) ein.

Zunächst stellt sich dabei die Frage: Was ist überhaupt eine Enzyklopädie? Die erste Enzyklopädie[10] wurde im 18. Jahrhundert von Diderot und d'Alembert verfasst. Sie hatte den Anspruch, eine übersichtliche und umfassende Darstellung des gesamten vorliegenden Wissensstoffs aller Disziplinen zu sein.

Unsere eigene Enzyklopädie hat einen anderen Adressaten: jemand über den wir nichts aussagen können und vor dem wir uns bis ins Kleinste rechtfertigen müssen. So kommt der Außerirdische ins Spiel, für den wir unser in der Philosophiestunde gesammeltes und erarbeitetes Wissen von den unterschiedlichen Disziplinen verständlich machen wollen.

> Einem Unbekannten etwas zu erklären, führt leichter dazu, sich selbst und die eigenen Annahmen gründlich zu hinterfragen.

In diesem Eintrag versuchten wir darzustellen, was den Teilnehmerinnen über das 18. Jahrhundert am bedeutendsten in Erinnerung geblieben ist. Da die Enzyklopädie ein Gemeinschaftsprodukt ist, sollten Einträge nur dann übernommen werden, wenn jeder diesem zugestimmt hatte. Erwartete Einträge wären für das 18. Jahrhundert:

1701 bis 1800

- Frauen hatten nur Kleider mit Gestellen an
- Männer hatten ¾ Hosen mit langen Strümpfen an
- Männer hatten eine Perücke
- 2-4% Reiche konnten sich Lehrer leisten
- Schulpflicht wurde eingeführt

---

[10]Lat.: encylopaedia (Grund)lehre aller Wissenschaften und Künste die dem Spezialstudium vorausgeht, griech.: egkyklios paideia: egkyklios-> im kreise herumgehend, wiederkehrend, gewöhnlich, paideia-> Lehre (Aus)bildung; aus Schülerduden Fremdwörterbuch. Bibliographisches Institut AG Mannheim 1975

- Französische Revolution (viele Könige wurden wegen der Unterdrückung von Bürgern ermordet/hingerichtet)
- Die ersten Geheimbünde wurden gegründet
- Heißluftballon (Montgolfier), Dampfmaschine (James Watt) wurden erfunden
- Viele Krankheiten
- Immanuel Kant - Philosoph und Professor
- Ausbruch des Krakataus Sumatra
- Erdbeben in Lissabon
- Viele Geheimbünde mit Geheimschriften

Die Erinnerungen an den Kurzvortrag über das 18. Jahrhundert werden aber in den verschiedenen Gruppen sehr unterschiedlich sein, weil unterschiedliche Interessen vorliegen.

Die Enzyklopädie wird uns die restliche Zeit begleiten und weiter ergänzt werden, wenn ein Begriff von der Gruppe philosophisch zur Genüge beantwortet wurde.

3. Was ist das Philosophieren? Was ist die Philosophie?

3.1 Kant, Vorreiter der Aufklärung

"Der Mensch kann nur Mensch werden durch Erziehung. Er ist nichts, als was die Erziehung aus ihm macht."[11].

Für Kant ist die Unmündigkeit des Menschen "das eigene Unvermögen, sich seines Verstandes, ohne die Leitung eines anderen zu bedienen."[12] Sie ist selbstverschuldet und gründet auf Faul- und Feigheit des Menschen. "Kurz, er soll nicht Gedanken, sondern Denken lernen; man soll ihn nicht tragen, sondern leiten, wenn man will, daß er in Zukunft von sich selbsten zu gehen geschickt sein soll."[13] Nicht fremde

---

[11] Kant, 1983b. Seite 699
[12] Kant, 1983a. Seite 35
[13] Kant, 1982. Seite 68

Gedanken sollen in dem Kind angefüllt werden, sondern es sollte es sich "gedankentechnisch" selbst auf den Weg machen.

Das Selbstdenken sieht Kant als "den obersten Probierstein der Wahrheit in sich selbst. (...) (D)ie Maxime, jederzeit selbst zu denken, ist Aufklärung."[14]

> Die Wahrheit liegt in jedem und wird durch das Selberdenken und das Einsetzen der eigenen Vernunft entdeckt, wobei die Vernunft im Dialog in Gang gehalten werden muss.

Wie bei dem Philosophen und Pädagogen Jean-Jacques Rousseau, sind Kinder auch für Kant vernunftbegabt und zu einem vernünftigen Dialog in der Lage.

In seiner Methodenlehre, in der Kritik der praktischen Vernunft, gibt er zu verstehen, dass bereits zehnjährige Knaben in der Lage wären, das Prinzip des kategorischen Imperativs zu verstehen.

Aber Kinder müssen nicht "über alles vernünfteln"[15]. Nicht alles muss von ihnen hinterfragt werden, oder vernünftig durchdacht sein. Jugend soll unabhängig sein und wenn sie es nicht ist, soll sie unabhängig von den Lehrenden werden. Das ist ein großes Ziel derer, die mit Kindern philosophieren wollen.

Von der Stufe der Verstandesübung geht das Kind für Kant zur Fähigkeit der Urteilsbildung über und kommt dann zur Fähigkeit des Vernunftgebrauchs (was schon im Alter von zehn Jahren sein kann). Wenn Kant von Kindern spricht, spricht er von Knaben ab dem 10. Lebensalter. Kant spricht nicht von einem Philosophieren bei Kindern, sondern von einem „Orientieren im Denken", um später philosophieren zu können. Kinder sollten

---

[14] Kant, 1983a. Seite 283
[15] vgl. KPV Seite 740

erst zivilisiert, kultiviert und moralisiert werden, um später philosophieren zu können. Der Philosophie, genauso wie der Mathematik, liegen für Kant abstrakte Denkvoraussetzungen zu Grunde, denen Kinder noch nicht habhaft sind.

Verstandesübungen, ein Training der Urteilsbildung und des Gebrauchs der Vernunft liegen also vor dem Philosophieren.

Mathematik wie auch Philosophie sind für Kant Vernunftwissenschaften, wobei sich die Vernunft nicht nur theoretisch fundieren lässt.

Kant sagt: „Die ästhetische Urteilskraft ist also ein besonderes Vermögen, Dinge nach einer Regel, aber nicht nach Begriffen, zu beurteilen. Die teleologische[16] ist kein besonderes Vermögen, sondern nur die reflektierende Urteilskraft überhaupt, sofern sie, wie überall im theoretischen Erkenntnisse, nach Begriffen, aber in Ansehung gewisser Gegenstände der Natur nach besonderen Prinzipien, nämlich einer bloß reflektierenden nicht Objekte bestimmenden Urteilskraft, verfährt, also ihrer Anwendung nach zum theoretischen Teile der Philosophie gehöret, ..."[17] Die ästhetische und die theoretische reflektierende Urteilskraft sind Teile der Philosophie, die für Kant eine vorwissenschaftliche Bedeutung haben. Während die ästhetische nach Regeln urteilt, verfährt und urteilt die reflektierende objektunabhängig aber begriffsabhängig nach Prinzipien. Dennoch spricht Kant Kindern die gleiche Autonomie und Vernunftfähigkeit zu, wie Erwachsenen. Das kindliche Vernunftvermögen soll in ihren

---

[16] den Zweck und die Zweckmäßigkeit betreffende UK, im folgenden theoretische UK genannt.
[17] Kant: Kritik der Urteilskraft. DB Schüler-Bibliothek: Philosophie, S. 14779 (vgl. Kant-W Bd. 10, S. 105-106

spezifischen Möglichkeiten kultiviert und gebildet werden, um sich aus der Unmündigkeit herauszuarbeiten.

Wobei die Unmündigkeit das Unvermögen ist sich, ohne der Leitung anderer, seines eigenen Verstandes zu bedienen. Dieses Unvermögen ist selbstverschuldet und wächst aus der Faulheit und Feigheit des Menschen.

> Für Kant sind Kinder voll vernunftsbegabt, bedürfen aber eines gewissen Denktrainings, bevor sie sich der Philosophie widmen können.

3.1.2 Allgemeinverständnis

Während die Philosophie als Lehre unserer Geisteswissenschaften zu verstehen ist und den Kanon von immer wiederkehrenden grundlegenden Fragen des Handelns, des Hoffens und des Menschseins inne hat, beschreibt „das Philosophieren" an sich die aktive Praxis, mit diesen Fragen umzugehen.

Kurt Wuchterl, Lehrer und Philosoph, setzt die Philosophie zwischen Spekulation und Religion, zwischen Ideologie und Wissenschaft, zwischen Kathederweisheit und gesundem Menschenverstand.[18]

Die Begriffe „Philosophie", bzw. „das Philosophieren" sind selbst Grundschulkindern nicht mehr fremd und sollten als Begriffe beibehalten und gemeinsam spezifiziert werden.

Eine leichte und effiziente Möglichkeit, um in der Gruppe einen gemeinsamen Begriff von „Philosophieren" oder „Philosophie" zu erarbeiten ist, mit einem Metaplan die vielfältigen Vorstellungen von Philosophie unter der Frage zusammenzubringen:

---

[18] Vgl. Wuchterl, Kurt. (1998). Lehrbuch der Philosophie. 5. Auflage. UTB für Wissenschaft: Uni Taschenbücher. Seite 5

3.2 Die philosophische-praktische Umsetzung

Die Teilnehmenden sammeln für sich ihre Ansichten und Erfahrungen mit dem `fremden' Begriff und erläutern sie der ganzen Gruppe. Wenn die Gruppe schon über eine rege denkerische Flexibilität verfügt, kann sie dazu angeleitet werden, die eigenen Begriffe den anderen zuzuordnen und einen Übergruppennamen dafür zu suchen. Der philosophische Aspekt dieser Aufgabe ist es, die Fähigkeit der Über- und Untergruppenbildung, die fälschlicherweise jedem als angeborene Fähigkeit zugeschrieben wird, bewusst zu machen und zu trainieren.

Antwortmöglichkeiten auf die oben genannte Frage könnten hierbei sein:

- Fragen
- Nachforschung von Sachen
- Philosophen beschäftigen sich mit Fragen, wie "Was war zuerst da, das Huhn oder das Ei?"
- Immanuel Kant
- Aus was ist die Erde entstanden? Aus was ist der Urknall entstanden? Aus was ist das entstanden, aus dem der Urknall entstanden ist?
- Philosophen suchen nach Antworten auf unmögliche Fragen
- Philosophen beschäftigen sich mit unmöglichen Fragen, die andere Menschen nicht beantworten können!
- Sie forschen nach verschiedenen Sachen, auch Gegenständen. Verschiedene Philosophen beschäftigen sich mit verschiedenen Sachen.
- Immanuel Kant – Aristoteles, Euripedes, Plato

- Es gibt nichts Falsches und nichts Richtiges
- Dreistheit
- logisches Diskutieren über Themen
- Nachdenken
- man überlegt sehr viel
- sich Gedanken machen und Nachdenken
- Fragen, die man nicht direkt beantworten kann
- Fragen stellen und beantworten
- große Denker aus Griechenland

Aufbauend auf dem Wissen der Kinder, bieten die Gruppenleiterinnen eine notwendige etymologische Klärung an. Die Teamer gehen auf die griechische Bedeutung des Wortes „Philosophia" ein, wobei „Philia" als die freundschaftliche (fast leidenschaftliche) Liebe und „Sophia" als die Weisheit verstanden wird. Philosophie drückt daher die freundschaftliche Liebe zur Weisheit aus.

Einige Philosophen werden den Kindern schon namentlich bekannt sein, bei uns werden zu diesem Enzyklopädieeintrag Aristoteles, Platon und sogar Kant aufgezählt. Die Person und die Gedanken Immanuel Kants, sowie seine Lebensumstände werden den meisten Kindern jedoch nicht bekannt sein und auch aus diesem Grunde gründlich vorgestellt.

Für viele Philosophen ist das Betreiben der Philosophie eine leidenschaftliche und emotionale Suche nach Wissen und Weisheit.

Das Philosophieren ist weit mehr als kognitive Logik, sondern eher ein emotionales Streben, ein Bewegt-sein und Suchen nach der Wahrheit und dem Wissen.

Getrieben werden die Philosophen von dem Willen, sich nicht verblenden zu lassen und hinter die Dinge oder Aussagen zu schauen.

4. Die Teilnehmenden

Die Teilnehmenden des Projektes „Kant für Kinder" setzten sich bislang zusammen aus Gymnasialschülerinnen und -schüler, bzw. Gesamtschülerinnen von der 5. bis zur 7. Klasse. Das Projekt ist nicht auf diese Zielgruppe alleine ausgelegt, dennoch zeigt die Erfahrung, dass weder andere Schultypen noch ältere und jüngere Schülerinnen und Schüler angesprochen werden. Trotz intensivster Werbung in einer kooperierenden Gesamtschule, dockte das Projekt in der Welt der Hauptschülerinnen und -schüler nicht an. Diese sind aber weder zu unintelligent, noch zu dumm zum Philosophieren!

Beim Philosophieren setzt frau ihre Gedanken aufs Spiel und um das zu können, müssen Kinder und Jugendliche im Alltag eine gewisse Sicherheit erfahren haben. Eine Sicherheit, dass sie weder leiblich bedroht sind, noch dass sie manipuliert werden und dass sie auf jeden Fall die eigenen Gedanken aufs Spiel setzen können, um diese darauf viel vollkommener wiederfinden zu können.

> Es bedarf einer existentiellen Grundsicherung bevor wertschätzend und achtsam mit den eigenen und fremden Gedanken umgegangen werden kann.

Bevor alles hinterfragt werden kann, bedarf es einer existentiellen Grundsicherung der Lebensumstände, aus der heraus ein solches Fragen erst möglich ist. Ohne eine ständige Erfahrung dieser existentiellen Sicherheit von außen ist es schwer, sich ein eigenes Selbstbewusstsein und ein eigenes Selbstwertgefühl anzueignen. Es fehlt sonst an Mut und Stärke die Welt fragend auf den Kopf zu stellen und hinter Verblendungen zu schauen.

Ebenfalls fehlt bei einigen Schülerinnen die positive Erfahrung sich respektvoll verbal durchzusetzen, anstatt Auseinandersetzungen körperlich auszutragen. Die Entkörperung des Lehrstoffes hat hierbei sicherlich auch ihren Beitrag geleistet. Nur im Sportunterricht erfahren Kinder und Jugendliche eine - und da manchmal negative - körperliche Ein-Gebundenheit und Erfahrung und keine Reduzierung auf das Gehirn.

> Eine körperliche wie geistige Akzeptanz und Wertschätzung geht somit jeder Art des Philosophierens voraus und folgt zugleich in größerem Maße aus dem gemeinsamen Philosophieren.

Es ist für uns nicht verwunderlich, dass mehr als zwei Drittel der Teilnehmenden unserer angebotenen philosophischen Kurse die fünfte und sechste Klasse besuchen. Die Erfahrung zeigt, dass vor allem die Jüngeren äußerst offen für philosophische Fragestellungen und schnell bereit sind, sich in scheinbar aussichtslose Diskussionen zu stürzen.

Um diese scheinbar aussichtslosen Diskussionen zu fruchtbaren Diskussionen werden zu lassen, bedarf es einen Rahmen und geeignete Anreize.

Was sind sinnlose und was sind fruchtbare Diskussionen?

5. Orte des Philosophierens

Das Philosophieren benötigt einen ruhigen, vertrauten, am besten sogar lieb gewonnenen Ort für die Teilnehmenden, der nach deren philosophischen Gedanken hin gestaltet werden kann. Es muss nicht notwendig ein von der Schule zur Verfügung gestellter Raum und eine von der Schule festgelegte Zeit sein, die für alle Kursteilnehmenden in Ordnung ist. Aus versicherungstechnischen Gründen ist es jedoch ratsam, als Ort der Schulveranstaltung mit einem Raum in der Schule vorlieb zu nehmen und diesen zu gestalten.

Als äußere Form des Kurses hat sich der Stuhlkreis bewährt. Er führt alle Teilnehmende auf die gleiche Ebene und automatisch in die Diskussion ein. Methoden wie Flip- Charts, Mind-Map Karten und philosophische Spiele lassen nicht mehr an Frontalunterricht denken.

Es muss anfangs geklärt werden, dass alles, was in der Philosophiestunde gesagt wird, in der Gruppe bleibt und keine schulischen Konsequenzen hat. So befreit man sich von dem Notendruck und leitet das Interesse am Philosophieren sofort in den Inhalt der philosophischen Aussage hinein. Die geeigneten Anreize, die wir als Kinderphilosophierende bieten, um den Ort zu einem besonderen philosophischen Ort werden zu lassen, sind klärende Fragen, die das Gespräch in die Tiefe führen (wie Sokrates es auf dem Marktplatz in Athen praktizierte) und passende Antworten zu den Fragestellungen. Zugleich fassen die Teamerinnen die Aspekte der selbst erarbeiteten Antworten an der Tafel zusammen.

6. Der Einstieg

6.1 Respekt, Disziplin und Toleranz

Die Teilnehmenden werden eine längere Zeit miteinander verbringen und manchmal sehr persönliche Anekdoten erzählen. Dafür brauchen wir am Anfang eine längere Kennenlernphase, um die geeignete Atmosphäre aufzubauen.

> Um gemeinsam Philosophieren zu können, sind drei Dinge wichtig: Respekt, Disziplin und Toleranz.

Der Respekt muss allen Teilnehmenden gezollt werden, die sich auf die Suche ins Ungewisse begeben wollen und auf diesem Weg bringt jeder schon einiges mit. Diszipliniert muss sich jede Teilnehmende selber fragen, ob sie sich immer einbringen muss oder ob es dem Gruppenprozess und der Wahrheitssuche nicht manchmal zuträglicher wäre, wenn sie sich körperlich oder verbal zurückhalten würde. Tolerant muss jede allen Teilnehmenden gegenüber sein, die aus unterschiedlichen Perspektiven ihre Erfahrungen gemacht haben und allein dadurch Neues anregen können. Um die Teilnehmenden dahingehend kennenzulernen und um eine respektvolle, disziplinierte und tolerante Atmosphäre aufzubauen, sollte einige Zeit für Spiele eingeplant werden.

6.2 Die philosophische-praktische Umsetzung

Das Drei-Thesen-Spiel

Ein geeignetes und einfaches Kennenlernspiel ist das Drei-Thesen-Spiel. Hierfür sollen die Kinder in Gedanken drei Thesen über ihre Persönlichkeit aufstellen. Zwei davon sind wahr und eine ist falsch. Die anderen erraten welche dieser Thesen falsch ist und begründen, warum sie das meinen. Das Spiel fördert das Hineindenken in andere Lebens- und Sichtweisen und startet mit dem Begründen der eigenen Meinung.

Ein weiteres philosophisches Kennenlernspiel, das den Schwerpunkt eher auf den eigenen begründeten Standpunkt legt, ist das Spiel um den Luftballon Harry, der als Haarlocken unzählige Fragen hat, die als Haarlocken auf eingerollten Papieren auf ihm kleben. Das Spiel führt in das abstrakte Denken und Begründen ein:

An einem Luftballon hängen 14 Karten mit philosophischen Fragen. Jeder Teilnehmer zieht eine Locke/Papierschnipsel, beantwortet die Frage mit einer Begründung und gibt den Luftballon weiter.

Die Fragen:

Was wärst Du, wenn Du eine Pflanze wärst?

Was wärst Du, wenn Du ein Tier wärst?

Wer wärst Du, wenn Du ein Lehrender wärst? Beschreibe den Lehrenden!

Ein Feuer ist in Deiner Wohnung. Du kannst nur noch eine Sachen retten. Entweder das letzte Foto Deiner Lieblingsoma oder Euren Kanarienvogel. Was rettest Du? Warum?

Was ist das Schönste in der Natur?

Auf was könntest Du leichter verzichten: Fernsehen oder Computerspiele? Warum?

Gibt es mehr Tauben oder Vögel?

Auf welchen Sinn (Sehen, Hören, Riechen, Schmecken, Fühlen) würdest Du am ehesten verzichten?

Was hättest Du lieber: Flügel oder Kiemen?

Was würdest Du einen Außerirdischen zuerst fragen, wenn Du ihn triffst?

Eine Fee erfüllt dir den Wunsch, entweder Frieden oder Gesundheit auf der ganzen Welt zu schaffen. Welchen Wunsch soll sie erfüllen?

Würdest Du eher ein Wissen von vor 3000 Jahren (versunkene Stadt Atlantis) oder in 3000 Jahren (von der Fernen Galaxis Androdon haben wollen)? Warum?

Ein Außerirdischer fragt Dich: Was ist der Mensch? Was antwortest Du?

Welche Farbe hat Strom?

Die Antworten auf die Fragen sollten aus dem Bauch heraus und mit einer spontanen Begründung versehen sein.

Eigene Gesprächsregeln

Mit den Gesprächsregeln arbeiten die Kinder im tagtäglichen Unterricht konkret an einem sicheren Rahmen, um die oben beschriebene Atmosphäre des Philosophierens für alle sichtbar zu kontrollieren. Zusammenfassen lassen sich diese in den drei Punkten:

1. aktives zuhören,

2. ausreden lassen und

3. nicht auslachen

Es liegt im Feingefühl der Teamerin zu merken, wenn die Gruppe nicht automatisch in der Lage ist eine respektvolle, disziplinierte und tolerante Atmosphäre aufzubauen.

> Philosophieren ist nur in dieser respektvollen, disziplinierten und toleranten Atmosphäre möglich.

Meistens lassen sich die Schülerinnen und Schüler automatisch auf die wenigen Regeln ein, da sie es vom Unterricht her kennen. Sollten sie die Regeln nicht einhalten, muss die Teamerin auf die konsequent Einhaltung der Regeln bestehen und diesen, sich selbst regulierenden Prozess durch ihren Eingriff ersetzen, um die geeignete Atmosphäre erst zwanghaft und dann von selbst entstehen zu lassen.

Die Teamerinnen können die bekannten Gesprächsregeln und

die sich daraus ergebenen Konsequenzen omnipräsent auf Plakate festsetzen und die Gruppe in diesen Prozess mit einbeziehen. Die Gruppe wählt hierfür aus einem Potpourri von Regeln, eine begrenzte Anzahl an Regeln heraus, die für die Gruppe, für das Philosophieren wichtig sind. Eine Regelauswahl könnte hierbei sein:

- Auslachen

- Zuhören

- sich melden und gegenseitig drannehmen

- ohne melden und ohne reinreden etwas beitragen

- nicht auslachen

- mitdenken

- nicht zuhören

- Reinreden

- ausreden lassen

- nicht mitdenken

Nachdem die Teilnehmenden einige Regeln begründet eingebracht haben, ist es die Aufgabe der Teamerin, sich zurückzuhalten und lediglich nachfragend auf guten Begründungen zu bestehen. Die Gruppe entscheidet in einer Abstimmung über die Übernahme der Regel.

Eine häufige Regelauswahl ist:

- ohne Melden und ohne Reinreden etwas beitragen

- ausreden lassen

- zuhören

- nicht auslachen

- mitdenken

Interessant für uns war der eindeutige Wunsch jeder unserer Gruppen, ohne zu melden und ohne reinzureden etwas beizutragen und die daraus entstandene Absetzung zum regulären Unterricht. Diese Regeln begleiteten uns jede Stunde auf einem Plakat.

Dem Gespräch einen Charakter geben

Für ältere Semester, die die Gesprächsregeln schon verinnerlicht haben, gibt es eine Möglichkeit, die Charakteristiken des philosophischen Gesprächs in Absetzung zu anderen Gesprächen festzuhalten.

An den Wänden hängen hierfür Plakate mit den Titeln „Unterricht", „politisches Gespräch", „Gespräch mit der besten Freundin/ dem besten Freund", „Geschwafel" und „philosophisches Gespräch".

Die Teilnehmenden werden aufgefordert, leise auf die Plakate die Charakteristiken der jeweiligen Gesprächsform aufzuschreiben und im Anschluss den anderen zu erläutern. Dieses Spiel hat den Vorteil, sich gegen Ende der Stunde auf das Plakat mit dem „philosophischen Gespräch" beziehen zu können und reflektierend sich selbst zu beurteilen, ob das Philosophieren gelungen ist.

Wie einer unserer Schüler sagte:

"Das Philosophische in einem Gespräch ist wie das Salz in der Suppe, was man auch erst zum Ende hin schmeckt. Man weiß im Vorhinein nicht, ob es in der Suppe ist, oder ob die Suppe fad ist."

Das Philosophieren basiert darauf, relativ exakte und klare Fragen zu stellen. Indem wir uns von Frage zu Frage hangeln, uns den Antworten nicht verweigern, bauen wir unser Wissen auf und entwickeln uns weiter.

Eine Antwort, mit der wir uns alle zufrieden geben, wäre in der Anfangsphase äußerst hinderlich und würde unseren Wissensdrang verebben lassen. Der eigene Wissensaufbau basiert darauf, einen Sachverhalt soweit zu durchschauen, dass wir ihn hinterfragen können. Die wenigen Basisinformationen, mit denen die Teamerin die Gruppe ausrüstet, führen in der Gruppe zu einem gründlicheren Nachfragen.

Eine Frage stellen wir selbst, sie ist unser Produkt, sie entspringt unserem Wissen und baut die Voraussetzungen für größeres Wissen aus.

Eine Frage zeigt uns und anderen, dass wir selbst denken können. Eine fremdgegebene Antwort kommt aus dem Wissensgehalt eines Zweiten und muss transformiert werden, um in den eigenen Wissenshaushalt zu passen. Viele Antworten führen nicht zu einem Wissensaufbau bei dem Fragenden, sondern lassen ihn unwissend und mutlos zurück, so dass er keine weitere Frage mehr stellt.

Aus diesem Grunde ist in der Philosophie eine gute Frage um einiges Gewinn bringender als eine gute Antwort.

Kinder sollen dazu ermutigt werden, niemals aufzuhören zu fragen.

Wissen vermitteln heißt für die Philosophin, nicht viele Antworten parat zu haben, sondern das strukturelle Fragen in anderen zu pflegen und zu honorieren.

Das Philosophieren im eigentlichen Sinne ist wissensarm, kommt aber manchmal ohne Antworten auch nicht aus.

Nur eigene Fragen führen zu eigenen Antworten.

7.1.1 Eigenschaften von Fragen

Außer philosophischen Fragen gibt es naturwissenschaftliche, psychologische, historische und weitere Fragen, die ihre jeweiligen wissensbedingten Antworten bereithalten. Diese Antworten scheinen für einen fest definierten Rahmen zu gelten. Bislang liegt es nur an der Philosophie, an diesem Rahmen zu kratzen und einen kritischen Blick auf dieses scheinbar feste Gefüge der Wissenschaften zu werfen, also hinter die Antworten zu sehen.

Das Verhältnis von Philosophie zu den Naturwissenschaften ist immer noch sehr gespannt: so muss sich die Philosophie für den Nutzen, den sie für die Naturwissenschaften hat, rechtfertigen, anstatt uneingeschränkt von den Qualitäten der Naturwissenschaften zu profitieren.

In unserem "Bildungskrimi - der Zapfen" zeigen wir, wie praktizierte Naturwissenschaften mit philosophischer Stringenz zusammen gehen können. Einer der ersten Naturwissenschaftler war der berühmte Philosoph Aristoteles. Kinder brauchen keine Fragen und Problemstellungen von Erwachsenen, um die Natur spannend zu finden. Viel ratsamer ist es an den Fragen der Kinder anzuknüpfen und eine emotionale Beziehungen mit der Natur zu kultivieren, um ihnen naturwissenschaftliche Phänomene näher zu bringen.

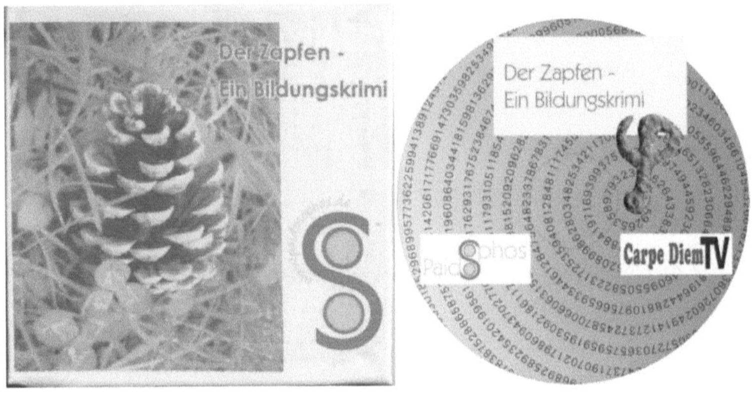

Jede Frage, ob sie philosophisch ist oder nicht, philosophisch zu betrachten, bringt weder dem Fragenden etwas noch dem Antwortenden. Philosophie darf niemals pragmatisch sein und instrumentalisiert werden, sonst verliert sie ihren kritischen und unabhängigen Status und damit ihren Wert für uns.

Das Philosophieren **an sich** muss eine größere Anerkennung erfahren. Der Wert des Philosophierens **an sich** muss anerkannt werden. Ohne das unabhängige philosophische Fragen ist es schwer, sich selbst ständig in neuen Bildungsprozessen wiederzufinden.

7.2 Die philosophische-praktische Umsetzung

Um gemeinsam auf eine Grundhaltung zu Wissen und dem Zustandekommen von Gedanken zu kommen, haben wir einen Auszug aus Jostein Gaarders Buch „Hallo ist da jemand"[19] vorgelesen. Es ist eine Auseinandersetzung des außerirdischen und äußerst neugierigen Mika mit unserer Welt. Der norwegische Junge Joakim bekommt gerade ein Brüderchen und rechtfertigt sehr verantwortungsvoll unsere eigene Kultur.

Die Teamerin liest den Teilnehmenden einen Abschnitt aus dem Buch von Seite 21/22, der im folgenden aufgeführt ist, vor:

„Du kannst einen Apfel haben", sagte ich und reichte ihm die grüne Frucht.

Er schien zum allerersten Mal einen Apfel zu sehen. Zuerst schnupperte er nur dran, dann traute er sich, einen kleinen Bissen zu nehmen.

„Hmmmmmmm, hmmmm", sagte er und biss noch einmal richtig zu. „Schmeckt er?" fragte ich.

Er verneigte sich tief.

Ich wollte wissen, wie ein Apfel schmeckt, wenn man zum ersten Mal einen isst, und deshalb fragte ich noch einmal:

„Wie schmeckt er?"

Er verneigte sich immer wieder.

„Warum verneigst du dich?", fragte ich.

Wieder verneigte sich Mika. Das verwirrte mich dermaßen, dass ich ganz schnell die Frage wiederholte.

„Warum verneigst du dich?"

---

[19]Gaarder, Jostein. Hallo, ist da jemand? Deutscher Taschenbuchverlag, Reihe Hauser. 1999. Carl Hanser Verla*g: München, Wien. Seite 21/22

Jetzt war er verwirrt. Ich glaube, er wusste nicht, ob er sich noch einmal verneigen oder einfach nur antworten sollte.

„Da, wo ich herkomme, verneigen wir uns immer, wenn jemand eine witzige Frage stellt", erklärte er. „Und je tiefsinniger die Frage ist, umso tiefer verneigen wir uns."

(eventuell Pause)

So etwas Komisches habe ich schon lange nicht mehr gehört. Ich begriff einfach nicht, wie man sich wegen einer Frage verneigen konnte.

„Aber wie begrüßt ihr euch denn dann?"

„Wir versuchen, uns jedes Mal eine kluge Frage auszudenken."

„Warum denn?"

Zuerst verneigte er sich kurz, weil ich noch eine Frage gestellt hatte, dann sagte er:

„Wir versuchen, uns eine kluge Frage auszudenken, damit unser Gegenüber sich verneigt."

Ich war von dieser Antwort derart beeindruckt, dass ich mich so tief verneigte, wie ich nur konnte. Als ich mich wieder aufrichtete, hatte Mika den Daumen im Mund. Erst viel später zog er ihn wieder heraus.

„Warum hast du dich verneigt?", fragte er fast beleidigt.

„Weil du auf meine Frage eine so kluge Antwort gegeben hast", sagte ich. Jetzt sagte er sehr laut und deutlich etwas, das ich seither niemals vergessen habe:

„Eine Antwort ist niemals ein Grund, sich zu verneigen. Selbst, wenn eine Antwort sich schlau und richtig anhört, darf man sich trotzdem nicht verneigen"

Ich nickte kurz. Aber ich bereute es sofort, denn Mika hielt das vielleicht für eine Verneigung vor der Antwort, die er mir gerade gegeben hatte.

„Wer sich verneigt, beugt sich", sagte Mika. „Du darfst dich nie einer Antwort beugen."

(eventuell Pause und interne Klärung der Frage, warum man sich einer Antwort nicht beugen sollte und eine Frage so sehr viel wichtiger ist)

„Warum nicht?"

„Eine Antwort ist immer ein Stück des Weges, der hinter dir liegt. Nur eine Frage kann uns weiterführen."

Ich fand diese Worte so klug, dass ich mir die Hände unters Kinn pressen musste, um mich nicht schon wieder zu verneigen."

Angeregt durch diese Geschichte von Jostein Gaarder ist es nun sinnvoll, sich mit den Fragen:

> *Was ist für unser Wissen wichtiger, eine Frage oder eine Antwort?*
>
> *Was sind überhaupt Fragen und was sind Antworten? Was führt zu einem größeren Wissen? Fragen oder Antworten?*

zu beschäftigen.

Meistens entstehen bei der Beschäftigung mit diesen Fragen aussagekräftige Grafiken an der Tafel. Eine Gruppe sah die Frage als Baustart des eigenen Wissens und die Beantwortung der Frage wurde als aktiver Bau des Weges angesehen. Die Antwort war die Vollendung des Weges und das eigene Wissen. Ohne das Material der Frage können wir uns nicht einer Antwort annähern. Ein Teilnehmer rüstete in seiner Grafik die fragende Person mit einem Mauerstein aus und stellte sie aktiv als bauend dar: Eine unvollendete Mauer ist eine unvollendete Antwort auf seine Frage. Ein anderer Teilnehmer zeichnete die Frage als Wegweiser, um auf die Straße des Wissens und zu seiner eigenen Antwort zu kommen. Es kristallisierte sich bei allen die Einsicht heraus: Ohne Fragen kommen wir nicht zu Antworten, aber ohne das 'feste' Fundament von Antworten, können wir keine weiteren Fragen stellen, um zu neuen Fragen zu kommen.

Sind Fragen Wegweiser und Antworten Fundamente des Wissens?

Die Enzyklopädieeinträge (siehe Kapitel 2.3) zu Fragen und Antworten lauteten in unserem Beispiel wie folgt:

F wie Frage:

- Fragen entstehen aus vorhandenem Wissen und suchen nach Antworten, welche als reines Wissen gelten. Auf Antworten kann man weitere Fragen stellen. Sie sind ein erster Schritt nach neuem Wissen.
- Eine Frage ist das Fundament für die Beantwortung von ihr selbst.
- Die Antwort ist das erfragte Wissen.

8. Was können wir wissen?

8.1 Kant

Nach dieser Arbeit um die Gedanken vergangener Menschen und ihr Wirken auf uns, haben wir uns argumentativ kennen gelernt und können uns dem Zustandekommen von eigenen Gedanken und unserem Wissen zuwenden.

Die Frage „Was können wir wissen?" ist Kants erste Frage, die zusammen mit den drei anderen in seinem gesamten Wissen über die Vernunft vereinigt sind. Bis Kant nahmen alle Menschen an, dass sich die menschliche Erkenntnis nach den Gegenständen richtet (vgl. Kopernikus, der gegen die Vorstellung kämpfte, die Erde sei der Mittelpunkt des Universums).

Kant war auf der Suche nach objektiver Erkenntnis. Dafür nahm er - wie Kopernikus - einen kompletten Perspektivwechsel vor, indem er postulierte, dass sich **die Gegenstände nach der Eigenart des subjektiven Erkenntnisvermögens richten** müssen und nicht umgekehrt.

> Kant unterscheidet die Welt, wie wir sie erfahren in die phänomenale Welt und die Welt, die wir nicht erfahren in die Welt an sich.

Auf die „**Welt an sich**" mit ihrem „**Ding an sich**" haben wir Menschen keinen Zugriff.

Kant verwirft alle bis dahin anerkannten Gottesbeweise. Unsere Wissenschaft der erfahrbaren Natur kann uns keine Kenntnisse liefern über die Unsterblichkeit der Seele, über Gott, über das Jenseits oder die ‚Welt an sich'. Nur eine Wissenschaft der Metaphysik dürfe sich an die Grenzen der menschlichen Vernunft heranwagen. Unsere erfahrbare Welt ist aber nicht beliebig und unserer Phantasie ausgeliefert. Christoph Helferlich formuliert 1992 dazu „Ganz falsch wäre jedenfalls die Folgerung, dass unsere Welt etwas willkürlich Gemachtes sei. Kant spricht von der ‚transzendentalen Idealität' (...) Denn da alle Menschen so wahrnehmen, nehmen alle auch gleich wahr, und zwar a priori, d.h. vorgängig und allgemein verbindlich, vor aller Erfahrung. Die Erscheinungen sind also wirkliche Erscheinungen, keine Phantasiegebilde.“[20]

Es muss etwas da sein, das erscheint.

Das Subjekt selbst ist Schöpferin ihres eigenen Wissens- und Wahrnehmungsbereiches, trotzdem gibt es eigenständige Erfahrungen, die von objektiven Gegebenheiten ausgehen.

Wahrgenommen wird das, wie es dem Subjekt erscheint. Die Gesetzmäßigkeiten der Erscheinungen, die Erkenntnisstruktur wird von dem Subjekt selbst geprägt. Dem menschlichen Wissen entzieht sich alles, was über diese Struktur hinausreicht, und zwar die Realität, die nicht im (menschlichen) Wissen erscheint.

---

[20]Helferich. Seite 253

Die Bedingungen der Möglichkeit der Erkenntnis bringt unser Verstand mit und konstruiert damit unsere Welt.

Die 'Grundfaktoren' der Erkenntnis sind unbewusst und uns vor unserer Erfahrung gegeben (also apriori) und kulturell geprägt.

Die Einheit unserer Erkenntnis bringen wir mittels der einheitsstiftenden Kraft unserer Vernunft und unseres Verstandes mit.

Damit wäre unsere Vernunft und unser Verstand der Ursprung der Welt.

Objektive Erkenntnis wäre es, über die Grenzen derselben eine Aussage machen zu können.

Kant gibt sich weiter auf die Suche nach den Bestandteilen unserer Erkenntnisse.

Wie sieht unsere menschliche Brille aus? Was gilt notwendig und allgemein für alle Menschen? Was liegt jeder menschlichen Wahrnehmung bzw. Erkenntnis des Menschen inne?

Egal wie der empirische Vorgang ist, etwas bei der Wahrnehmung ist bei allen gleich. Abstrahiert von allen Täuschungen, die wir durch unsere Wahrnehmung durchlaufen, können wir nur wenige Sachen wirklich wissen. Hier führt Kant die ‚**reinen Formen sinnlicher Anschauung**' ein. Dies sind **Raum und Zeit**.

> Reine Formen sinnlicher Anschauung sind Raum und Zeit.

„Raum und Zeit ‚gibt' es nicht als Eigenschaft der Dinge. Raum und Zeit liegen im Menschen, in seiner Sinnlichkeit. In uns liegen diese ‚reinen Formen der Anschauung', der Raum als reine Form der äußeren, die Zeit als reine Form der inneren Anschauung. Das heißt anders gesagt: Es ‚gibt' gar keine ‚Gegenstände', sondern ein ‚Etwas', aus dem wir – mit den Anschauungsformen Raum und Zeit – Gegenstände machen. Kant drückt das mit dem Begriff ‚Erscheinung' aus."[21]

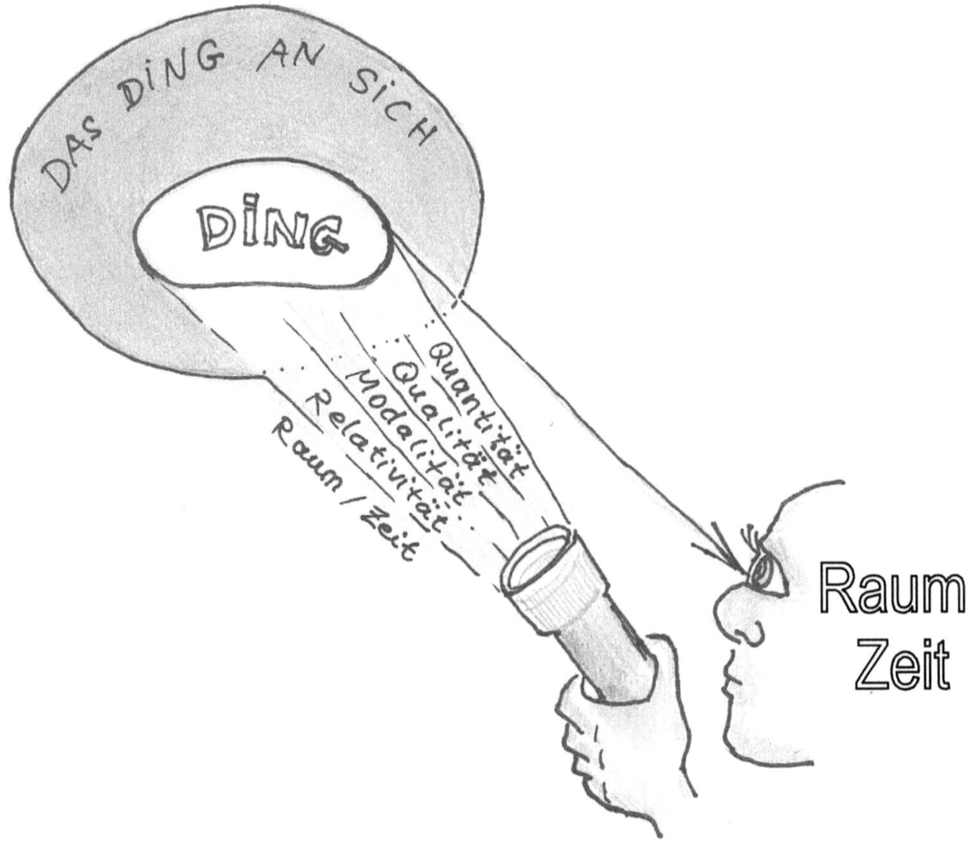

---

[21]Helferich. Seite 252

Während Raum und Zeit a priori in uns liegen, verständigen wir uns über gleiche Kategorien (reine Verstandesbegriffe) in einem Kategorienplan, die zusammen unsere Wirklichkeit beschreiben und die selber beschreibbar sind. Die wichtigsten Kategorien davon wären:

Kategorie und Bedeutung:

Quantität   Einheit, Vielheit, Allheit, Anzahl;

        Wie viele sind es?

Qualität   Beschreibt die Beschaffenheit; Wie ist es?

        Realität (Wirklichkeit);

        Negation (Nichtwirklichkeit);

        Limitation (Begrenzung)

Relation   Gemeinschaft (Wechselwirkung);

        Gibt eine Beziehung, ein Verhältnis an;

        Im Vergleich zu anderen Objekten, abgrenzen;

        Von was, im Vergleich zu was, durch was, mit was...;

        Ursache und Wirkung; durch was...? wodurch...?

        Substanz und Akzidenz

Modalität   Möglichkeit – Unmöglichkeit, unterscheidet;

        Wirkliches von Möglichem, z.B. wirkliche

        Geschenke an Weihnachten und

        mögliche Geschenke; Notwendiges von Zufälligem;

        Da-Sein – Nicht-Sein;

        Notwendigkeit - Zufälligkeit.

8.2 Die philosophische-praktische Umsetzung

Diese Einheit nimmt mehrere Stunden in Anspruch und sollte sehr intensiv behandelt werden. Wir versuchen uns auf verschiedenen Wegen den Kategorien zu nähern. In der Frage von Kant „Was können wir wissen?“ stecken weitere philosophische Fragen, die im Vorfeld geklärt werden können.

Zum Beispiel: **Wer kann wissen?** Zieht die Gruppe Lebewesen als Antwort heran, kann man diese Gelegenheit nutzen, um darauf aufmerksam zu machen, dass jedes Tier seine Umwelt anders wahrnimmt:

Die Spinne nimmt vermehrt über ihre Haare und beschränkt über ihre acht Augen wahr. Die Schlange „fühlt“ die elektrischen Schwingungen, die Ionenbewegungen in der Luft und besitzt somit eine Art Wärmewahrnehmung. Die Fledermaus, der Delfin und der Hai verlassen sich bei ihrer Jagd auf den Ultraschall, während der Elefant mit Infraschall kommuniziert. Die Taube orientiert sich beim Flug an dem magnetischen Erdfeld. Ameisen bauen ihre Haufen an Kreuzungspunkten von Störungen der Erdkruste, an denen minimalste radioaktive Strahlen ausgehen. Viele Tiere spüren das Kommen von Erdbeben und Vulkanausbrüchen viel früher als wir Menschen. Der Hund kann 50-mal besser riechen als der Mensch und besitzt in seiner Wahrnehmung damit, wie alle anderen Tiere auch, eine andere Welt und auch eine andere Wirklichkeit als der Mensch.

> Es ist sinnvoll, beim Philosophieren immer wieder auf Fragen zurückzukommen und den Versuch, andere Wirklichkeiten beschreiben zu wollen, nicht aufzugeben.

Nach einem Brainstorming der Frage: **Wie erlangen wir Wissen?** Gelangt die Gruppe meistens zu den Sinnen, denen wir uns in einem extra Kapitel zuwenden werden. Wir betonen die Bedeutung der Sinne und die vielen positiven Wahrnehmungserfahrungen, die die Teilnehmenden mit allen

Sinnesorganen gemacht haben, bevor sie durch optische und andere sinnliche Täuschungen verwirrt werden und sich auf die Suche nach dem macht, was sie denn wirklich wissen können. Auf Optische Täuschungen kann man in großer Anzahl zurückgreifen, wie beispielsweise die Illustrationen von M.C. Escher.

Abstrakte Begriffe, wie z.B. Gerechtigkeit, lassen sich unglaublich schwer in Ton formen. Unbekannte Begriffe (z.B. ein ‚Blibbie' - was immer es sein kann) lassen sich weder vermitteln noch durch Vermittlung von Dritten nachvollziehen.

Wenn ich die Farbe Kadmiumgelb nicht kenne, ist es mir nicht möglich, eine kadmiumgelbe Gießkanne vorzustellen. Wenn ich nicht weiß, was zwei beste Freundinnen mit einem Pseudonym meinen, kann ich es nicht verstehen (vgl. Peter Bichsel, Der Tisch ist ein Tisch).

So wollen wir in dieser Sequenz vom physisch Bekannten zum metaphysisch Bekannten kommen, um schließlich zum metaphysisch Unbekannten zu gelangen und an diesem Beispiel die Grenzen unseres Wissens am eigenen Leib zu erfahren.

Beide Fragen **Wie erlangen wir Wissen?** und **Wer kann Wissen?** führen dazu, unseren Sinnen den allgemeinen Wahrheitsanspruch abzusprechen und gehörig zu misstrauen.

Aber mit was kann ich noch die Wirklichkeit erfahren, außer mit den Sinnen? Die Gruppe wird sich automatisch zu ihrer eigenen Ratio, ihrem eigenen Denken führen, mit dem ggf. die „wahre Wirklichkeit" erfasst werden kann.

Steht die These, dass wir durch unsere Ratio zu dieser Wirklichkeit vordringen können, bekommt die Gruppe die

Aufgabe, sich kurz (etwa fünf Minuten) über die „wahre Wirklichkeit" des Baumes Gedanken zu machen und danach diese schriftlich oder gestalterisch festzuhalten. Dabei werden unterschiedliche Textwirklichkeiten oder Bildwirklichkeiten des Baumes entstehen, was aber logisch nicht sein darf, da der Baum an sich nicht mehrere wahre Wirklichkeiten haben kann.

Die Existenz des Baumes an sich ist so wenig beliebig, wie seine Wirklichkeit.

Noch vielfältiger werden die Bilder und Texte, wenn ein „Blibbie"
allein durch denken gemalt oder beschrieben werden soll.

Was ist ein Blibbie?

Konzentriert auf unsere Ratio, unser Denken, ist Wirklichkeit
nicht erfahrbar. Mit diesem Versuch macht die Gruppe die
Erfahrung, dass sie weder allein durch sinnliche Erfahrungen
noch allein durch das Denken an die „wahre Wirklichkeit"
herankommt.

Kant meint dasselbe, indem er sagt:[22]

> „Ohne Sinnlichkeit würde uns kein Gegenstand gegeben und ohne Verstand keiner gedacht werden. Gedanken ohne Inhalte sind leer, Anschauungen ohne Begriffe sind blind.“

Wir brauchen also beides, die sinnliche Anschauung und die Gedanken, um zu Erkenntnissen zu kommen, die unsere Wirklichkeit beschreiben. Über die „wahre Wirklichkeit“ des 'Dinges an sich' können wir keine Aussagen machen.

8.3   Erfahrung mit der Umsetzung

Von der Frage zur Einordnung in Unterfragen und Antworten

Um die Frage **„Was kann ich wissen?“** in Unterfragen aufzusplittern oder auf weitere Antworten und damit auf tiefer führende Fragen zu kommen, ist es möglich, ein Unter- und Obergruppenspiel durchzuführen:

Bei diesem Spiel wird die Fähigkeit zum Abstrahieren geschärft. Eine Mitspielerin denkt sich (bzw. schreibt) einige Begriffe aus, bzw. schreibt einen bestimmten philosophischen Themenbereich auf einen Zettel oder an die Tafel. Die anderen müssen den entsprechenden Oberbegriff, also denjenigen Begriff, der die genannten Begriffe umfasst, nennen oder für sich aufschreiben.

z.B. Vater, Mutter, Kind ► Familie

Vergangenheit, Uhr, Monat ► Zeit

Wünsche, Freude, schöner Augenblick ►Glück

---

[22]Vgl. Kant, B 75/ B33

Man kann dieses Spiel auch als Gruppenspiel spielen, indem einer anfängt ein Wort an die Tafel zu schreiben (bzw. den anderen zu sagen) zu dem die anderen leise einen Oberbegriff suchen. Dann steht eine andere auf und schreibt einen neuen Begriff dazu (oder sagt einen anderen Begriff dazu. Es kann auch der Reihe nach gespielt werden), der mit dem alten Begriff zusammen einen neuen Oberbegriff ergibt. Und so weiter, bis es keine Oberbegriffe für die angeschriebenen Wörter mehr gibt. Danach kann überprüft werden, ob jeder die gleichen Oberbegriffe gefunden hat, oder nicht.

Mit diesem Spiel soll das Ordnen trainiert werden, um die im Anschluss gefundenen Begriffe zu der Frage **'Was können wir wissen?'** schnell klassifizieren zu können. Die Teilnehmenden haben die Aufgabe, für sich Antworten oder weitere Unterfragen auf die Frage **'Was können wir wissen?'** zu suchen und diese, nachdem sie allen vorgestellt wurden, zu Über- und Untergruppen zu sortieren. Anhang I und Anhang II zeigen zwei Beispielsklassifikationen.

Beim Vervollständigen der Tabelle muss darauf geachtet werden, dass Behauptungen sich nicht widersprechen. Zum Beispiel widerspricht die These

„Wir können wissen was wir wissen wollen, denn
der Mensch hat ein unendliches Denkvermögen.“

der These:

„Wir können nicht so viel wissen, wie wir wissen wollen.“

Das führt zu der Erkenntnis, nicht einsichtig argumentiert zu haben, und die Kinderphilosophin kann dieses Beispiel nutzen, um die metaphysischen **Regeln des vernünftigen Denkens nach Aristoteles** zu erklären.

Die Regeln des vernünftigen Denkens nach Aristoteles:

1. der Satz der Identität: A = A
2. der Satz der Widerspruchsfreiheit: A ist nicht (nicht A)
3. der Satz des ausgeschlossenen Dritten: entweder ist A oder es ist nicht A. Es kann aber nicht zugleich A und nicht A (B, C, D...) sein. Es gibt nichts zwischen A und nicht A.

Erläuterungen zu den einzelnen Regeln:

Zu 1. Anita ist Anita und wird auch Anita bleiben. Wenn ich da hinten Anita sehe, dann verbinde ich alles, was ich über Anita weiß, mit der Person, die ich dahinten sehe.

Zu 2. Wenn es Bettina ist, ist es nicht Anita. Anita kann nicht Bettina, Christine oder Dörte sein. Anita kann nicht Nicht-Anita sein. Sie kann nichts anderes, als sie selbst sein.

Zu 3. Entweder ist das da vorne Anita, oder es ist nicht Anita. Es kann aber nicht zugleich Anita und Nicht-Anita sein.

Zur Reflektion sollte sich in der Folgestunde die Gruppe selbst die Regeln des vernünftigen Denkens von Aristoteles erläutern und ob es der Gruppe einsichtig ist, daran festzuhalten.

Doch was können wir wirklich wissen? Welches Wissen hat jeder Mensch auf Erden? Was können wir als Allgemeinwissen bezeichnen?

Zu Beantwortung der Fragen machten wir mit unserer Gruppe folgenden Versuch:

Jeder zeichnet auf ein DINA 3 Papier sein Kopfprofil und in dieses Kopfprofil die eigene Beantwortung der Frage:

Das Wissen in meinem Kopf, das jeder Mensch auf Erden hat, ist...

Wir (jeder Mensch) hat Wissen von...

Die einzelnen Teilnehmer präsentieren sich gegenseitig ihre Kunstwerke und begründen ihre Ansichten, wobei jeder einzelne Aspekt zusammengefasst in einem Wort festgehalten wird.

Ergebnisse in unserem Fall waren:

Existenz (ich bin da)	Sprache
Gedanken (Fragen)	Gefühle
Empfindungen	Wissenssinne
Sinne	Tod/ Alter/ Jahren/ Leben/ Wachstum
Musik	Bewegung
Gefühlsausdruck	eigenen Gedanken
Irgendwas	Vergessenem
Bewegung	Raumorientierung
zeitliche Veränderung	Gelerntes
Evolution	Instinkte
Kommunikation	Erinnerung

In den Kategorien der Kinder sind alle Kategorien Kants zu finden. Die **Qualität** in dem Wissen über die eigene Existenz, die **Quantität** in den Empfindungen, Gefühlen und den Sinnen, die **Relation** in der Bewegung und der zeitlichen Veränderung, die **Modalität** im Vergessenen und in der Erinnerung und **Kausalität** in der Evolution und dem Wachstum und Alter.

Das abstrahierende Zeichnen ist für die Schüler eine anspruchsvolle Herausforderung, die ihnen meistens Spaß macht.

An das Denken denken

8.3.1 Was können wir wissen über unsere Sinne?

Wir fokussieren die Frage 'Was können wir wissen?' auf die einzelnen Wissensbausteine (die wir z.B. mit dem Klassifikationsspiel herausgearbeitet haben) und prüfen, wie sehr wir uns auf diese verlassen können:

> *Wie sicher ist das Wissen, das wir dadurch erlangen? Wie sicher können wir sein, dass wir damit wirklich Wissen erlangen und nicht getäuscht werden?*

Ein Wissensbaustein sind die Sinne, bzw. die Wissenssinne. Um diese kritisch zu betrachten, gibt es mehrere Möglichkeiten, die man hintereinander durchführen kann:

Möglichkeit 1 - Thesentennis
Zwei Thesen werden in entgegen gesetzter Richtung in den Raum gehängt und die Teilnehmenden haben die Aufgabe, sich dazwischen zu positionieren und ihren Standpunkt zu begründen.

1."Alles, was ich mit meinen Sinnen wahrnehme, ist wirklich."

und

2." Nichts von dem, was ich mit meinen Sinnen aufnehme, entspricht der Wirklichkeit."

Ein argumentativer Schlagabtausch

Die meisten Teilnehmenden stellten sich in unseren Kursen in die Mitte. Das Argument, dass den eigenen Wahrnehmungsorganen getraut werden müsse, sonst könne man nicht überleben, steht dem Argument, dass wir aber auch optischen Täuschungen ausgeliefert sind und diesen nicht trauen können, gegenüber.

Wir sehen unterschiedlich und haben unterschiedliche Talente. Wir können das, was wir sehen, nicht auf andere übertragen. Sehen bringt kein allgemein gültiges Wissen.

Können wir uns aber sicher sein, dass das Sehen für jede Einzelne Wissen bringt? Ist durch sehen für mich alles klar? Entspricht das, was ich sehe der Realität/ Wirklichkeit?

Dazu machen wir einen Sehversuch.

Möglichkeit 2 - Sehversuch

Wir legten in die Mitte eine Vielzahl von optischen Täuschungen und durchleuchteten sie.

Inwiefern beeinflusst die Umgebung das, was ich sehe?

Die meisten optischen Täuschungen zeigten uns, dass die Umgebung einen großen Einfluss auf das Objekt und unsere Wahrnehmung des Objekts hat. Die Objekte verzogen sich sogar irrational in unserer Wahrnehmung durch die Einbettung in eine andere Umgebung. Wir können unserem Sehapparat nicht trauen und mussten immer wieder nachmessen. Besondere Faszination übt der schwarz-weiße Spiralkreisel aus. Richtet man seinen Blick für ein paar Minuten auf den sich drehenden Kreisel und danach auf irgendeinen beliebigen Gegenstand (beliebt sind die Köpfe des Nachbarn), zieht sich dieser zusammen (oder auseinander, je nach Kreiseldrehung).

Unsere Wahrnehmung wird beeinflusst von dem was ich davor gesehen habe und ist in keinem Fall gänzlich neutral und objektiv. Unser Blick ist träge und reagiert dauernd auf Einflüsse aus der Umgebung. Das was ich sehe und als Wissen durch Sehen aufnehme, entspricht nicht der unbeeinflussten Realität, die ich denke zu sehen.

Nach mehreren optischen Verunsicherungen kamen wir zu dem Ergebnis:

Möglichkeit 3 - die menschliche Brille

Wir erarbeiten uns die verschiedenen Sinneswahrnehmungen der Tiere und die daraus resultierenden Sinneswirklichkeiten. Zum Beispiel hat die Fledermaus eine 'Schallwirklichkeit', der Hund vermehrt eine 'Geruchswirklichkeit' und die Spinne eine 'Tastwirklichkeit'. Jede Wirklichkeit ist richtig aber begrenzt, weil sie sich aus den jeweiligen Wahrnehmungsstrukturen herausbildet.

In unserer Enzyklopädie könnte nun, unter dem Stichwort ‚Sinne', ein Eintrag entstehen z.B.:

Unsere fünf Sinne können manchmal täuschen. Die fünf Sinne sind: sehen, riechen, tasten, schmecken und hören. Ohne mindestens zwei Sinne kann man nicht leben, weil man sich sonst nicht mit der Außenwelt verständigen kann.

Sehen allein bringt also kein sicheres Wissen, weil man jedes Mal darüber streiten kann, was man wahrnimmt.

Wir stellten fest, dass jedes Organ getäuscht werden kann. Der Duftbaum im Auto gaukelt unserer Nase einen Apfel vor, der MP 3 Player ein Life – Konzert, in dem ich mich befinde oder eine glatte Metallfläche eine Kälte, die sie aber gar nicht hat.

Wenn alle Täuschungen zusammenlaufen, werden wir etwas ganz anderes wahrnehmen, als es „wirklich" ist.

Mit dem Wissen, dass unsere Wirklichkeit eine spezifische ist, ist es möglich sich auf die Suche nach einem Allgemeinanspruch an Wirklichkeit zu machen.

Was liegt notwendig und unabdingbar jeder Wirklichkeit zu Grunde? Wodurch ist unsere Wirklichkeitswahrnehmung beschränkt, wodurch nehmen wir die Welt wahr oder anders ausgedrückt: Wie könnte die menschliche Brille aussehen?
Wodurch ist der menschliche Blick auf die Welt begrenzt?
Was müssten wir einem Außerirdischen mitgeben, so dass er 'mit unseren Augen, mit unseren Strukturen' auf die Welt blickt?

Nach einer gründlichen Diskussion kann eine menschliche Brille für Außerirdische gebaut werden.

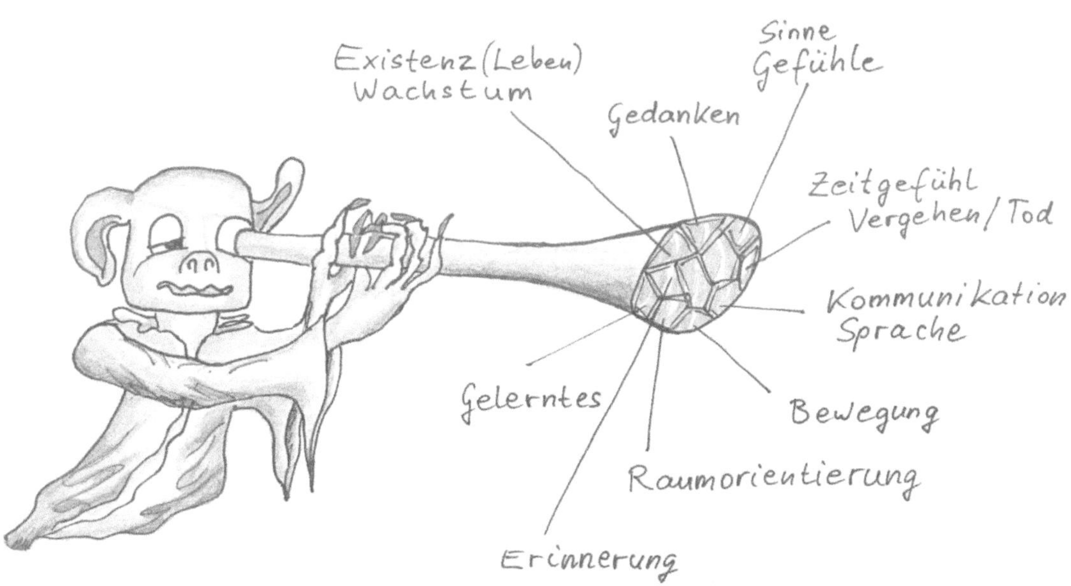

Das Wichtigste unserer menschlichen Wissensbausteine kann dadurch haptisch festgehalten werden. Jeder Teilnehmende sucht sich einen Baustein aus, welchen sie für am wichtigsten hält und visualisiert ihn in einem eigen geschaffenen Teil der Brille. So entstehen viele Teilgebilde einer Brille für Außerirdische.

In unserem Beispiel wurde absolut wichtig für den Menschen erachtet: **die Existenz (ich bin da), die Gedanken (Fragen), die Sinne, der Gefühlsausdruck, die zeitliche Veränderung, die Kommunikation, die Sprache, die Gefühle, der Tod/ Alter/ Jahren/ Leben/ Wachstum, die Bewegung, die Raumorientierung, das Gelernte, die Erinnerung**.

Ach so ist das hier zu verstehen!

> Wie gelangen wir zu sicherem Wissen, wenn wir schon unseren Wahrnehmungsorganen misstrauen müssen?

1. Durch Verständigung?

Wir können die Wirklichkeit auch über unsere Ratio, über das Denken erfahren und die These aufstellen:

Ich glaube nur das, was ich denke!

Um diese These zu beleuchten, könnte ein Auszug aus der Geschichte ‚ein Tisch ist ein Tisch' von Peter Bichsel vorgelesen werden. In der Geschichte gibt die Hauptperson jedem Gegenstand seines Zimmers einen neuen Namen. Den ‚Tisch' nannte sie fortan ‚Stuhl'. Das ‚Bild' nannte sie ...? Die Person benutzte die neue Einteilung auch draußen, im Gespräch mit anderen Menschen, und vereinsamte zusehends. Einen ähnlichen Versuch wurde von Psychologen Anfang der achtziger Jahre durchgeführt. Einem Kind wurden falsche Begriffe gelehrt, um herauszufinden ob die richtigen Begriffe aus falschen entstehen könnten. Dieser Versuch ist menschlich sehr grenzwertig einzustufen.

Auch in Grimms Märchen ‚Des Kaisers neue Kleider' werden die Untertanen durch die Gesellschaft zum Lügen gezwungen. Der Schwindel wird so lange durchgehalten, bis ein kleiner Junge, der die 'mächtigere' Sichtweise nicht anerkennt, den Schwindel aufdeckt.

Beide Geschichten zeigen, dass das Verständnis der Menschen vor allem auf einer sozialen Einigung basiert. Eine neu erfundene Namensgebung durch eine einzelne Person - reicht nicht aus, um die Einteilung wirklich zu machen. Selbst wenn eine größere Gruppe sie denkt, wird sie nicht wirklich und zu wahrem Wissen, sondern für diese Gruppe nur gedachte Wirklichkeit und soziales Wissen.

Ein Spiel, um soziale Einigungen auszuprobieren, ist das Spiel Paraphasieren.

2. Begriffsklärung/ Paraphrasieren

Wir bilden Kleingruppen. Jede Gruppe bekommt die Aufgabe, einen Begriff in drei Sätzen so zu umschreiben, dass er für Außerirdische als Erklärung dienen könnte. Der Begriff selbst darf in keiner Beschreibung vorkommen. Jede Kleingruppe bekommt wider ihrer Erwartungen den gleichen Begriff zugespielt und soll ihn vor der anderen Gruppe geheim halten. Die Beschreibungen werden anschließend vorgetragen und die anderen Gruppen sollen ihre Vermutungen schriftlich fixieren. Die Beschreibungen werden sich aller Wahrscheinlichkeit nach sehr ähneln.

3. Analytische Argumentation

Wir untersuchen in der Gruppe beispielhaft den Wissens-baustein „Gedanken" mittels einer analytischen Argumentation untersucht. Eine analytische Argumentation führt jeder für sich auf einem querliegenden DINA 4 Blatt durch. Als Titel schreiben die Teilnehmer eine philosophische Frage. In unserem Fall war es die Frage:

Welchen Gedanken können wir trauen?

Auf die rechte Seite des Blattes schreibt der Teilnehmer seine Antwort der Frage. Auf der linken Seite wird der beste Grund für diese Antwort festgehalten. In die Mitte des Blattes trägt der Teilnehmende die Begründung ein, die ihn dazu getrieben hat, diesen Grund aufzuschreiben. Und unter dieser formuliert er eine weitere Begründung, die diese Diskussion abschließt und die für alle Menschen ohne Ausnahme zu gelten hat. Einige Teilnehmende können ihre Argumentation den anderen vorlesen und begründen, ob sie sie für sinnvoll oder sinnlos halten. Diese Methode ist sehr anstrengend und verlangt von den Schülerinnen einen hohen Abstraktionsgrad.

4. Gedankenparadoxien

Wir können uns nichts vorstellen, was wir nicht schon wissen. Vorstellungen bauen sich aus unseren Wissensbausteinen und unseren Erfahrungen auf. Aus diesem Grunde tauchen wir in die Gedankenparadoxien der Philosophiegeschichte ein und damit in Paradoxien, die zum Teil älter als 2000 Jahren sind:

Gedankenparadoxie 1 – Epimenides ist Kreter. Er behauptet: "Alle Kreter sind Lügner." Wer lügt?
Lügt Epimenides, oder sagt er die Wahrheit? Warum geht weder das eine noch das andere?

Gedankenparadoxie 2 – Achilles, der die voraus rennende Schildkröte nicht einholt.
Achilles, der schnellste Läufer aus Athen, gibt bei einem Wettrennen mit einer Schildkröte sehr kulant der Schildkröte einen Vorsprung von mehreren hundert Metern. Als er losläuft verringert sich der Abstand zur Schildkröte sehr bald um die Hälfte, wenn er weiter läuft um ein Drittel, dann um ein Viertel und so weiter. Der Abstand zur Schildkröte lässt sich immer mit kleineren Einheiten angeben, doch erreichen kann er dadurch die Schildkröte leider nicht. *Oder etwa doch?*

Harry bekommt gerade noch mit, dass sein Lehrer sagt, alles was sich um die Sonne dreht, sind Planeten, bevor er tagträumend abgleitet. Plötzlich schreckt er auf, weil sein Lehrer ihn schüttelt. „Und Harry, was ist es? Dreht sich um die Sonne und kommt alle 73 Jahren in unser Sichtfeld?" Harry weiß nur noch, dass alles was sich um die Sonne dreht, ein Planet sein muss. „Nein, das ist der Halley'sche Komet." *Was war Harrys Denkfehler? Was dreht sich alles um die Sonne?*

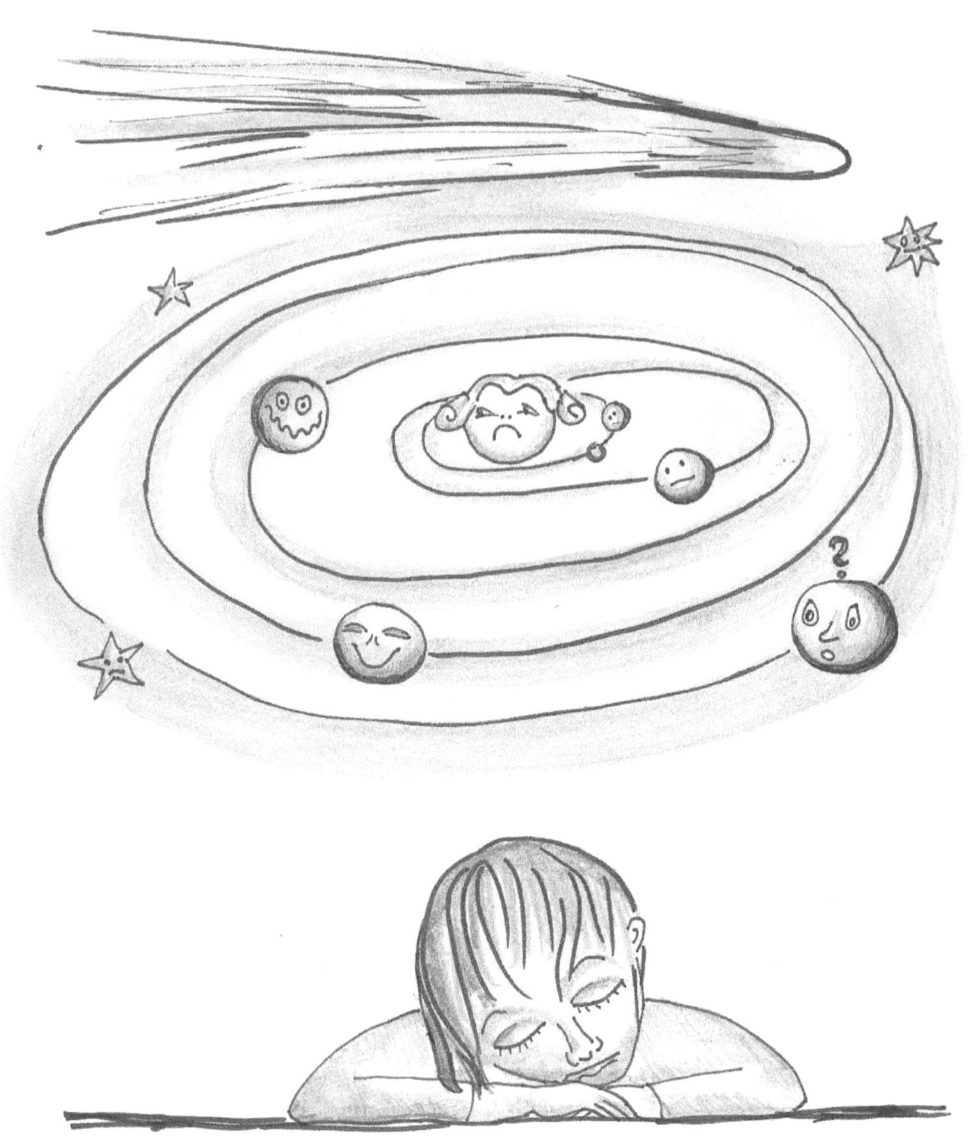

Gedankenparadoxie 4 – Das Krokodils-Dilemma oder der philosophische Lügner

Ein Kind geht mit seiner Mutter am Flussufer spazieren. Plötzlich taucht ein Krokodil aus dem Wasser auf und schnappt nach dem Bein des Kindes. Die Mutter schreit auf und bittet das Krokodil, das Kind loszulassen und lieber sie selbst zu essen. Das Krokodil lässt sich auf einen Handel mit der Mutter ein und sagt: „Wenn du voraussagst was ich machen werde, lass ich dein Kind frei. Wenn nicht, dann fresse ich es." Die Mutter versichert sich, dass es sich um ein ehrenwertes Krokodil handelt, das nicht seine Meinung ändern wird. *Was sagt die Mutter, um ihr Kind zu retten?*

Der philosophische Verbrecher

Ein Philosoph ist vor Gericht der Lüge angeklagt. Nach längeren Verhandlungen gibt der Richter ihm eine Chance. „Angeklagter." - „Ja, hohes Gericht." - „Du hast noch eine Chance. Du darfst eine Aussage machen. Ist die Aussage wieder eine Lüge, wirst du gehängt. Hast du eine wahre Aussage gemacht, wirst du lebenslänglich eingesperrt. Morgen früh erwarte ich deine Aussage." Der Philosoph grübelt die ganze Nacht durch und am Morgen fällt es ihm wie Schuppen von den Augen. Am Morgen überreicht er dem Richter einen

Zettel. Dieser öffnet ihn, liest ihn, wird weiß im Gesicht und stößt ärgerlich die Worte hervor: „Der Häftling ist frei." *Was stand auf dem Zettel?*

Die Behandlung der Paradoxien macht den meisten Gruppen sehr viel Spaß, weil alle aktiv in die Gedanken eingebunden sind. Die meisten Gedankenprobleme werden so auch in der nächsten Stunde wiedergegeben, selbst wenn sie ungelöst beendet werden.

Ebenso kann ein Enzyklopädieeintrag unter G, wie Gedanken, entstehen. Wie in unserem Beispiel:

Die Gedanken eines Menschen sind frei. Eigene Gedanken können täuschen. Man kann nur an all das denken, was man weiß. Das Unterbewusstsein ruft die Gedanken hervor. Keiner kann die Gedanken anderer entschlüsseln. Es sei denn, derjenige gibt seine Gedanken für die Außenwelt frei, was allerdings nicht immer einfach zu formulieren ist.

Kants These über das Denken und die Wirklichkeit

Wir lernen aus dieser Kurseinheit, dass denken allein auch kein sicheres Wissen bringt, selbst wenn wir Paradoxien sehr gründlich hinterfragen können. Wenn man sich, wie die Person in Bichsels Geschichte der Wirklichkeit entfremdet, kann man nicht sagen, dass das, was man durch denken erfährt, die Wirklichkeit ist, sondern eher, dass man die Wirklichkeit durch eine individuelle menschliche Brille sieht.

Was davon ist wahr?

Nicht alles, was ich weiß, ist wahr.

Kant für Kinder - Birgit Becker, Marc Borner

Die Hauptfrage, die sich Kant stellt, ist diese:

Was ist in der sichtbaren Wirklichkeit und hinter dieser das eigentlich Wirksame?

Er fragt nach dem Unbedingten in allem Bedingten und jenseits allem Bedingtem. Hinaus über das unmittelbar Gegebene und hinab in die ersten und letzten Gründe der Wirklichkeit. Kant begibt sich auf die Suche und stellt folgende Fragen:

Was ist das Unbedingte im Menschen?

Was ist das Unbedingte in der Welt?

Und was ist das Unbedingte schlechthin?

Seine leidenschaftliche Suche nach absoluter Gewissheit führt ihn zu der Erkenntnis, dass man zu keinen gesicherten Antworten kommen kann. Die Antworten liegen im Wesen der menschlichen Vernunft begründet.

Der Mensch ist nicht imstande, hinter die sichtbare Wirklichkeit zurückzugehen und in den Grund hinabzublicken. In den Fragen nach Gott, Freiheit und Unsterblichkeit geht der Mensch notwendig in die Irre.

Die Wirklichkeit bildet sich nicht unmittelbar im menschlichen Geiste ab. Der Mensch bringt Entscheidendes in den Erkenntnisprozess hinein:

Das Bild der Wirklichkeit entsteht im Menschen, indem er seine Vorstellung und seine - durch die Sinne vermittelten Begriffe - anwendet.

Es bedarf also der Voraussetzungen für das Erkennen, der wir uns in dieser Einheit zugewendet haben. Das Wissbare ist dennoch nicht beliebig, sondern muss sich einer strengen Prüfung des eigenen Verstandes aussetzen und der eigenen Vernunft in der Anwendung von strengen Beweisen genügen.

Beweisen tut Not!

So beschreibt es Herwig Blankertz, wenn er sagt: „Die Methode des strengen Beweises, die nichts als gesichert hinnimmt, was nicht in allen Einzelheiten von rationaler Einsicht bestätigt ist, und die Methode der logischen Schlußfolgerung sollten alle gültigen Sätze mit der ursprünglichen Gewißheit verknüpfen und eine in sich geschlossene Kette des Wißbaren erzeugen."[23]

Doch welche Konsequenzen folgen aus diesem Wissen für unser Tun? Darum soll es im folgenden Abschnitt gehen.

---

[23] Blankertz, Herwig. (1982) Die Geschichte der Pädagogik. Von der Aufklärung bis zur Gegenwart. Büchse der Pandora: Wetzlar. Seite 25

9. Was sollen wir tun?

9.1 Kant

Kant bringt den Begriff Aufklärung in Verbindung mit einem selbstständigen Gebrauch des Intellekts, mit dem „Klären" der Dinge und Zustände sowie dem Aufweis „nackter Wahrheiten"

„Eine Epoche, in der das Vertrauen zu der Kraft der menschlichen Vernunft größer ist als das Bedürfnis nach Orientierung und Anleitung durch Traditionen und Autorität, nennt man darum ein Zeitalter der Aufklärung."[24].

Nach der Beantwortung der erkenntnistheoretischen Frage Kants („Was können wir wissen?") wenden wir uns seiner ethischen Frage *Was sollen wir tun?*" zu.

> Kants Ethik koppelt die Moralität einer Handlung kompromisslos von ihren Folgen ab.

Die Moralität einer Handlung liegt laut Kant nicht in ihren Folgen, sondern in ihrem Motiv, d.h. im Gewissen des Handelnden und ist eben deshalb dem Tribunal der Gesellschaft entzogen. Von außen prüfbar ist jedoch nur die Legalität, nicht die Moralität einer Handlung.

Nachdem die Erkenntnisgewissheit seit Descartes ohne Gott gesichert wurde: >>sum cogitan<< (Ich denke dabei an), ging der Moralitätsgedanke Kants von einem allgemeinen Gedanken der Aufklärung aus:

„>>philosophisch<< das hieß schlechterdings >>vernünftig<< (...) Die Aufklärung glaubte an Einheit und Identität der

---

[24]Blankertz, Herwig. (1982) Die Geschichte der Pädagogik. Von der Aufklärung bis zur Gegenwart. Büchse der Pandora: Wetzlar. Seite 21

Vernunft. Sie, die Vernunft, galt als ein und dieselbe für die denkenden Subjekte, für alle Nationen, Rassen, Epochen und Kulturen. Hinter der Fülle, der Vielfalt und dem Wechsel von Glauben und Sitten, Lebensüberzeugungen, theoretischen Positionen und Urteilen musste es einen festen Bestand geben, in dessen geschichts- und kulturübergreifender Beharrlichkeit die Vernunft sich selber zur Sprache bringt."[25]

Diese einheitsstiftende Vernunft ist das Fundament, ohne dass das selbstgesetzte moralische Gesetz (unter anderem das Sittengesetz von Kant) nicht angenommen werden kann.

Das moralische Gesetz ist ein Produkt der eigenen Willensfreiheit und kann nicht aufgezwungen werden. Es besteht aus bedingten, abhängigen Regeln (die hypothetischen Imperative), die einem „wenn..., dann...".-Verhältnis folgen, pragmatisch sind und eine eingeschränkte Gültigkeit haben. Es besteht weiterhin aus unbedingten, unabhängigen Regeln und Gesetzen (kategorischer Imperativ), die eine uneingeschränkte Gültigkeit haben. Beide sind selbstgesetzt und gründen auf der gleichen Vernunft.

Der Mensch ist "Bürger zweier Welten". Einerseits gehört er selber einer übersinnlichen Ordnung an und andererseits ist er in seiner eigenen Endlichkeit verhaftet. Eine menschliche Freiheit findet man nur in diesem menschlich gesetzten Gebot der praktischen Vernunft:

Handle so, daß die Maxime deines Willens jederzeit zugleich als Prinzip einer allgemeinen Gesetzgebung gelten könne.

---

[25] Blankertz, Herwig. (1982) Die Geschichte der Pädagogik. Von der Aufklärung bis zur Gegenwart. Büchse der Pandora: Wetzlar. Seite 27

Bekannt ist dieses Gebot als der **kategorische Imperativ** von Kant. In dieser Einheit arbeiten wir uns zu diesem Imperativ vor.

9.2 Die philosophische-praktische Umsetzung

Um auf Regeln und Überregeln zu kommen, können verschiedene geläufige Spiele gespielt werden, die eine leichte Regeländerung erfahren.

Ein bekanntes Spiel mit willkürlichen Regeln

Gemeinsame Vernunfterfahrungen machen die Kursteilnehmer vor allem in einem Spiel. Wir wollen herausbekommen, woher Regeln kommen, wie und warum sie entstehen, wie sie weitergegeben werden und provozieren dahingehend die Teilnehmenden. Aus diesem Grunde spielen wir ein altbekanntes Spiel mit äußerst unfairen Regeln, um ganz neue Erfahrungen zu sammeln.

Wenn genügend Emotionen geschürt wurden, ist eine nüchterne Betrachtung der Regelgebenden und Regelnehmenden angebracht.

Gründung eines Philosophie-Staates

Mit einer großen Zeremonie gründen wir in unserer Gruppe einen Staat und fangen an, uns selber Regeln zu geben. Wenn wir mit Überlegungen nicht mehr weiterkommen, kann ein Spiel helfen, die gegebenen Regeln zu modifizieren, um gegebenenfalls störende Eindringlinge in Bann zu halten. Zum Schluss ist es ratsam, in einem einzigen Funkspruch - der nur einen Satz beinhalten kann - einem Außerirdischen die hiesigen Regeln mitzuteilen.

9.3 Erfahrungen mit der Umsetzung

Regelfremde Völkerball

Wir spielen Völkerball – zusätzlich zu den normalen Regeln gibt es unfaire und willkürliche Regeln. Diese können lauten:

   1. ● auf einem Bein hüpfen

2. ● Hände auf den Kopf

3. ● Rechte Hand auf den Rücken

4. ● 3-Bein-Laufen (für 2 Leute)

5. ● Blind (Tuch um Augen)

6. ● einer muss die ganze Zeit sein eigenes Team
   beschimpfen

7. ● Alle Punkte zählen für die andere Mannschaft

8. ● Wenn die Person jemanden getroffen hat, gehen
   zwei Personen

9. ● Die Person hat 20 Leben (Treffer)

Das Spiel bringt die Teilnehmenden in Rage, weil sie sich ungerecht behandelt fühlen. Die Teamerinnen schlagen vor, ein Spiel ohne Regeln zu spielen. Auch das stößt meistens auf Widerstand. In unserem Beispiel rief ein Teilnehmer: „O.k. ich definiere, ich habe immer gewonnen, also brauchen wir gar nicht zu spielen, weil ich schon gewonnen habe." Die Teilnehmenden waren durch das Spiel sehr aufgebracht, nur einige konnten mit ihren Defiziten gelassen umgehen.

Daran anschließend sammeln wir nüchtern an der Tafel verschiedene Regelgebende und Regelnehmende mit dem Fokus auf die Fragen:

Was bringen überhaupt Regeln? Welchen Zweck haben Regeln? Wo gibt es Regeln?

Regelgeber und Regelnehmer

Die Teilnehmenden sammeln eine Unmenge an Regeln und die dazugehörenden Regelgebenden z.B.:

Regelgeber	Regelnehmer	Grund
Fußballbund /Trainer	Fußballspieler	Sonst ist kein Spiel möglich
Direktor/ Klassen- lehrer	Schüler/ Klasse	Sonst kann man nicht gemeinsam lernen
Staat	Bürger, alle	Gesetze um miteinander leben zu können
Staat/ Verkehrsamt	Verkehrs- teilnehmende	Verkehrsregeln, um sich sicher im Verkehr bewegen zu können

Der Sammlung folgt die Überlegung, wie es in diesen Bereichen ohne Regeln aussähe. Während viele Schülerinnen davon ausgingen, dass es notgedrungen zu einer Anarchie käme, waren einige wenige der Ansicht, dass keine Regeln wahrscheinlich aber nicht notgedrungen ins Chaos führen würden.

Zum Abschluss überlegen wir uns, welche Aufgaben Regeln haben bzw. was durch Regeln gewährleistet wäre?

- Ordnung und

- Sicherheit herrscht, denn

- Richtlinien zeigen, wie man handeln soll.

Regeln gelten aber nur für eine bestimmte Gruppe von Menschen. Sie sind nicht allgemeingültig. Wenn ein neuer Staat gegründet wird, wie wir hier einen Staat gründen wollen, müssen wir davon ausgehen, dass die Regeln nur für die Staatsmitglieder greifen. Es muss den Kursteilnehmenden ausreichend Zeit zur Formulierung und Reformulierung der selbst gesetzten Regeln gegeben werden. Zum Beispiel könnte das sein:

→ nicht rauben, stehlen und töten
→ fragen
→ jeden lieben/ verzeihen/ vergeben
→ Prinzip der Gemeinschaft / Nächstenliebe
→ jeden respektieren
→ keiner darf etwas mit mir machen, was ich nicht möchte.

Diese könnten dann auch kollidieren mit den Regeln von anderen Staaten, wie zum Beispiel mit dem des Außerirdischen Varg vom Planeten Aggressivo.

Für die Außerirdischen vom Planeten Aggressivo gibt es völlig andere Regeln, um sich korrekt zu verhalten. Die „Varg" sind aggressiv und rücksichtslos. Sie bringen sich und andere nur zum

Spaß um. Welche Regeln müssten die Außerirdischen kennen, um nicht alle Regeln der Erde lernen zu müssen, damit sie sich trotzdem auf der Erde zurechtfinden? Eventuell kommt ein Außerirdischer (aus Varg) den neu gegründeten Philosophiestaat besuchen. Da er nur einen Funkspruch für einen Satz zur Verfügung hat, kann er nicht alle Regeln des Philostaates (bzw. im übertragenen Sinne der Erde) kennen- und auswendig lernen. Wir brauchen also eine Überregel, unter der sich alle Regeln subsumieren lassen und die dem Außerirdischen (bzw. Fremden) als oberste Regel präsentiert wird.

Anders ausgedrückt suchen wir, ob es...

...eine Regel gibt, die Regeln regelt? Und wie könnte diese Regel lauten?

Diese Regel sollte beginnen mit >**Handle so, (dass...)**>

Die Schüler kommen hierbei meist auf verschiedene Aussagen und sollen dazu angeleitet werden diese argumentativ gegenseitig aufzuwerten. So entstand in einem Beispiel die Argumentationskette:

1. *Handle so, wie du willst, aber verwende keine Gewalt und lass die Anderen aussprechen.*
2. *Handle so, wie du willst, aber verwende keine Gewalt und achte deine Mitmenschen.*
3. *Handle so, dass du Respekt vor allen Lebewesen auf diesen Planeten hast und keine Gewalt verwendest.* Wobei die Gruppe sich gegenseitig darauf aufmerksam machte, dass zu beachten wäre: Ist sein 'Gewalt-Begriff' der Selbe wie unserer? Versteht er, was damit gemeint ist?
4. *Handle so, dass du auf den Planten passt und schlage und töte nicht.*

5. *Handle so, dass wenn du selber ein Mensch wärst, dich wohl fühltest.* Wobei aber die Vargianer sich auf ihrem Planeten wohlfühlen, wenn sie andere schlagen oder beleidigen.
6. *Handle so, dass du niemanden verletzt und zu jedem nett bist.*
7. *Behandle andere Menschen so, dass du sie seelisch und körperlich nicht verletzt.* Auch hier setzten Diskussionen ein. Versteht er die Begriffe verletzen und nett so wie wir? Oder ist nett sein für ihn, andere zu schlagen und zu beleidigen? Müsste es dann nicht eher lauten: *Handle so, dass du zu niemandem nett bist und keinen heil am Leben lässt.* Wenn die Außerirdischen unter nett = schlagen verstehen, dann wäre nicht nett = nicht schlagen. Das Problem ist, dass wir es nicht so wirklich wissen. Wir kennen die Sitten und Regeln vom Planten „Aggressivo" nicht genau, da noch keiner diesen Planeten erforscht hat.
8. *Behandle Andere so, dass wenn du in ihrer/seiner Haut wärst dich wohl fühlen würdest.* Wenn für Außerirdische wohl fühlen schlagen ist, dann macht er es bei Anderen auch, weil er denkt, dass sie sich so wohl fühlen.
9. *Behandle andere Menschen so, dass du dich wohl fühlst, wenn du selber der Mensch wärst.*
   Aber ein anderer Mensch könnte bedeuten: irgendein Mensch, vielleicht sogar einer vom Planeten „Aggressivo" und nicht die Bürger vom Philostaat.

Nach langen Diskussionen kamen wir hier zu unserer Überregel:

> **Behandle andere Menschen so, dass du dich wohl fühlen würdest, wenn du einer dieser Menschen wärst.**

Ein Problem, das immer noch nicht wegdiskutiert wurde, ist, dass man den Begriff 'wohl fühlen' erst ausreichend klären und definieren muss. Man setzt zu vorschnell, nur damit die Regel als Produkt angenommen wird, gleiches Verständnis der Begriffe voraus.

Genau dieses Problem existiert auch bei Kant. Er setzt bei allen Menschen eine gleiche Begriffsauflösung mittels einer gleichen Vernunft voraus.

Von der Überregel zur Weltregel

Erst wenn gemeinsam die eigene Überregel für den eigenen Staat gefunden wurde, kann man die Gruppe mit dem Kategorischen Imperativ von Kant konfrontieren.

'Handle so, daß die Maxime deines Willens jederzeit zugleich als Prinzip einer allgemeinen Gesetzgebung gelten könne.'

Die Diskussion von Kants Imperativ ist dann sinnvoll, wenn die eigene Regel mittels des Imperatives von Kant ergänzt werden kann. Es ist ratsam, die komplexe Sprache Kants dann in die eigene Sprache umzuformulieren und zu übersetzen.

Wie könnte nun eine Weltregel für alle Staaten aussehen?

Kant sieht das in seinem unbedingten Gebot. Un-bedingt heißt ohne weitere Bedingungen und ein Gebot ist für Kant ein Befehl, ein Imperativ und eine Anweisung.

Wie könnte Kants unbedingtes Gebot nun für die Nationen heißen?

In unserem Beispiel hieß diese Weltregel:

Wenn eine Nation etwas tut, soll sie überlegen, ob die Tat zu einem Gesetz für alle Nationen werden könnte?

In einem Auszug aus der UNO Charta können die Teilnehmer zum Abschluss dieser Einheit die selbstformulierte Weltregel wiederfinden.

10. Was dürfen wir hoffen?

10.1 Kant

Die dritte Frage Kants „Was darf ich hoffen?" wird geschichts- und religionsphilosophisch interpretiert und für Kant nach den Fragen zur Erkenntnis des Wissens und zur Erkenntnis des moralischen Gesetzes angesetzt. Geschichtsphilosophisch zu sein, heißt aber hier nicht, relativ zu sein oder dass etwas nicht bestimmbar ist.

> Mit dieser dritten Frage möchte Kant untersuchen, wo die Vernunft hinkommen könnte, wenn die Beschränkungen unseres Verstandes sie nicht hindern würde.

Sie ist die transzendentalste und die am meisten metaphysische Frage von allen.

Begriffe, die Produkte des Verstandes, genügen laut Kant einem Gattungsbegriff und nicht umgekehrt. Klein Erna erschließt sich einen Löwen langsam vom ersten Bilderbuch über ein Kuscheltier und einen Spaziergang im Zoo. Der Begriff Löwe wird immer weiter ausformuliert. Im Denken kommt sie zu einem Gattungsbegriff, der wohl allen existierenden Löwen eigen sein müsste. Die Logik im Denken zu praktizieren, bedeutet Begriffe zu formulieren, die zu einem Urteil führen, die zu einem Schluss führen, die wieder zu einem System von Begriffen führen.

Durch Nachdenken allein werden unsere allgemeinen Begriffe und Probleme immer wieder reproduziert. Der Verstand gibt unserem Wissen einen Rahmen und eine Beschränkung vor. Eine Paradoxieeinsicht wäre somit auch eine Vernunfteinsicht.

> Die Vernunft will ständig mehr, als der Verstand leisten kann. Und nur sie ist in der Lage, durch ein „als-ob-Wirken" die Zukunft konstruktiv zu verändern.

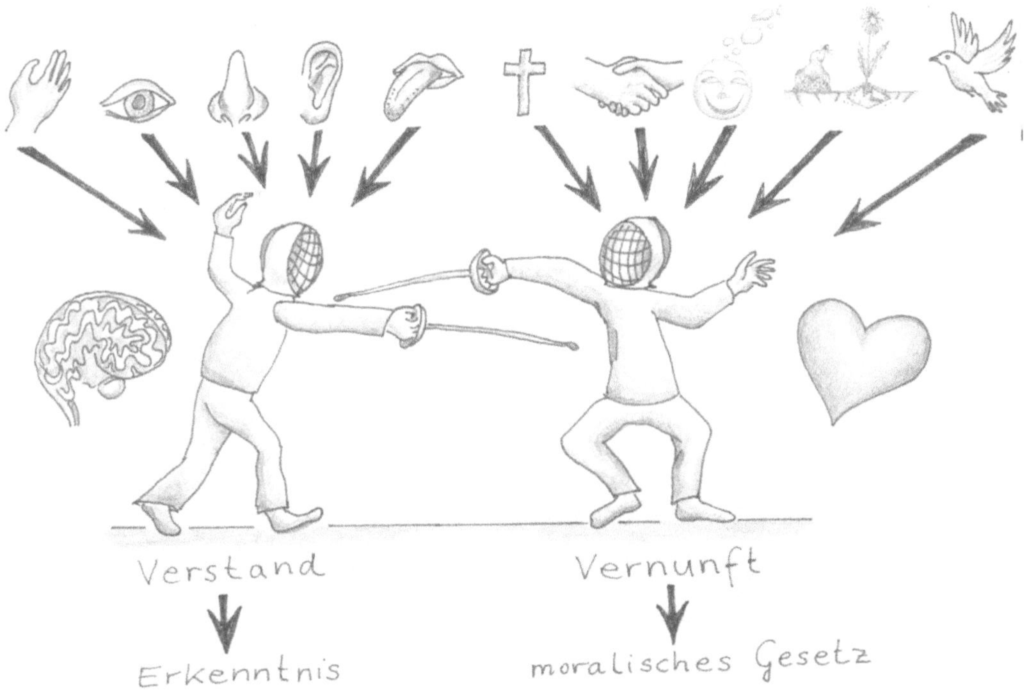

Daher kann es äußerst vernünftig sein, an etwas zu glauben, weil man es weder durch sinnliche noch durch rationale Erkenntnisse wahrnehmen kann. Der Glaube an Gott ist für Kant mittels unserer Vernunft sogar geboten.

> Gibt es dennoch ein „sich-Vergewissern" im Glauben – eine Zweckmäßigkeit des Glaubens aus der Vernunft heraus? Ist ein verallgemeinerter höherer Zweck vorhanden und welcher wäre das?

Diesen Fragen nachzugehen, heißt nicht notgedrungen zu dem gleichen Ergebnis von Kant zu gelangen. Die Vernunft hat andere Voraussetzungen als der Verstand und muss ihre Überlegenheit vor dem Verstand unter Beweis stellen.

Der Glaube führt zu keinem Erkenntnisgewinn, sondern der Glaube genügt der Vernunft, die sich durch den Verstand nicht begrenzen lassen möchte.

Vernünftig zu sein ist nicht widerspruchsfrei. Was „sein soll", befindet sich im Vernunftraum. Der Zweck des „Sein-Sollens" ist im Willen eines vorgestellten Ziels zu finden. *Doch welche sind diese Ziele, wie komme ich auf sie?*

Wenn wir versuchen würden, die Mechanismen von Krieg und Frieden beschreiben zu wollen, könnten wir versuchen, die sinngebende ordnende Kraft herauszulösen. Sie ist nicht festzusetzen, aber sinngebend zu erahnen. Der islamische Philosoph Ibn-Khaldun spricht von „assabya", wenn er von gemeinschaftsbildenden Denkstrukturen redet, die innerhalb einzelner Völker - vor allem im Krieg - verbindend wirken und nicht zu beschreiben, also dadurch auch nicht festzusetzen sind. Die Naturanlage zur Vernünftigkeit ist laut Kant im Menschen vorhanden und muss ausgebildet und gelebt werden. Die Hoffnung auf das Gute (und damit den ewigen Frieden) ist handlungstragend.

Oder wie es ein Kind formulierte:

„Eine Welt, in der das Gute automatisch gefällt, wäre wunderbar."

Bildung besteht im Wesentlichen nicht im Wissen von oder im guten Handeln selber (d.h. im Handeln nach dem Sittengesetz, das allein Handlungen in gute und schlechte teilt), sondern **im reflektierten Urteilen.**

Fragen der kantischen Urteilskraft (UK) sind Fragen zwischen Freiheit und Natur.

Die reflektierte UK <u>erfindet</u> Allgemeines zu Besonderem. Sie ist eine Schöpfungskraft und generiert Neues. Sie erfüllt einen übergeordneten Zweck. Die ästhetisch reflektierte UK besteht darin, dass das empirisch Besondere subjektiv beurteilt und als Allgemeines angenommen wird. Ästhetische Urteile sollen die Sinnlichkeit zu einem Gemeinsinn und so zu einer allgemeinen Sensibilisierung hin führen.

> Bildung ist für Kant zu verstehen als Sensibilisierung.

Wer reflektiert urteilen kann, bleibt in allen Situationen handlungsfähig (vgl. Herbart: „das taktvolle Handeln" und Adorno: „Minima Moralia").

> Zum Besonderen das Allgemeine finden, heißt urteilsfähig bleiben. Das Hoffen auf das Gute steht verbindend in der Mitte von sicherem Wissen und moralischen Grundsätzen einerseits und dem Erfragen des Sinnes und des Glaubens andererseits.

Was müssen wir machen, dass die Menschen mit den ihnen gegebenen Mitteln (für Kant zum ewigen Frieden) kommen, um eine allgemein gültige Welt zu gestalten?

> Die dritte Frage beschäftigt sich mit dem menschlichen Spagat, wie die Entwicklung der Welt sein sollte und wie sie menschenmöglich sein könnte. Die Schöpfungsqualität der Bildung muss genutzt werden, um die vernünftigen Gedanken der Bildung in neue Perspektiven zu überführen.

In dieser Einheit soll das Menschenwürdige mit dem Menschenmöglichen verbunden werden. Die Gruppe begibt sich auf die Suche nach dem Sinn von Handlungen und gibt moralische Verbesserungsvorschläge und Handlungsalternativen an. Das schließt ein ständiges Training, vom Besonderen zum Allgemeinen zu kommen und urteilsfähig zu bleiben, ein. In dieser Einheit werden Konflikte in unserer Welt untersucht und selbst gesetzte Lösungen ausformuliert. Die Teilnehmer werden mehrere (in unserem Beispiel zehn) Wochen lang Diplomat sein, ein bestimmtes Land vertreten, aktuelle Konflikte der Welt suchen, diese besprechen und Lösungsvorschläge erarbeiten. In Anlehnung an unser erwachsenes Vorbild Immanuel Kant entsteht eine gemeinsame Charta, ein gemeinsames Bündnis, ein Vertrag, in der die Grundsatzregeln festgehalten werden, die für alle Beteiligten gelten.

Um die Atmosphäre einer wichtigen und anstrengenden Gruppenarbeit herzustellen, ist die Diskussionszeit starken Reglementierungen unterworfen. So soll die Freiheit des Philosophierens im Sinne Kants in einem Rahmen stattfinden, der von allen akzeptiert und geachtet wird.

Wie in einem Plenarsaal stehen die Stühle und Tische in einem Kreis zueinander und einem wenig geöffneten Halbkreis vor der Tafel. Die Teilnehmenden ziehen am Anfang der Einheit ein Land, das sie kontinuierlich repräsentieren. Es muss sich hierbei nicht um ein Land handeln, das schon Mitglied der Vereinten Nationen ist.

Vier besondere Aufgaben der Mitglieder werden vorgestellt: der Vorsitzende, der Konfliktmanager, der Zeitmanager und der Schriftführer. Die Aufgaben werden anfangs für die folgenden Stunden schriftlich geklärt. Sie lauten für die einzelnen Rollen:

Der /die Vorsitzende/r

- Nach dem anfänglichen Gong gibt er/sie eine kurze Zusammenfassung der letzten Stunde (eventuell Chartaeintrag vorlesen).
- Er/Sie leitet über zu dem heutigen Konflikt und dem Konfliktleitenden.
- 10 Minuten vor Sitzungsende führt er/sie die Blitzlichtrunde unter der Frage ein: wie sieht jeder den Konflikt jetzt?
- Er/Sie hat zudem das Abschlusswort mit seinem Blitzlicht.

Der/die Konfliktleiter/in

- Das ist die Person, die den Konflikt vorgeschlagen hat.
- Er/Sie hat das erste Wort und hat schon ein wenig nach dem Konflikt recherchiert.
- Er/Sie verdeutlicht für alle einsichtig, worum es in dem Konflikt geht und wer die Konfliktparteien sind.
- Er/Sie startet die Diskussion und gibt den Diskussionsball in die Runde.
- 20 Minuten vor Sitzungsende erinnert er/sie die Teilnehmenden daran, zu einer Lösung/bzw. Festsetzung des Problems zu kommen (eventuell zu einem Chartaeintrag).

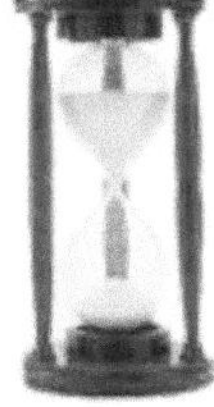

Der/die Zeitmanager/in

- Er/Sie hat eine Sanduhr vor sich stehen und achtet darauf, dass keiner länger als 7 Minuten spricht.
- Er/Sie gibt die letzten 20 Minuten unserer Zeit mit einem Gongschlag an.
- Er/Sie gibt die letzten 10 Minuten unserer Zeit mit zwei Gongschlägen an.

Der/die Schriftführer/in

- Er/Sie schreibt den erarbeiteten Chartaeintrag und notiert nebenher auf Anfrage Notizen und kann so die Stunde protokollieren.

Diese besonderen Aufgaben rotieren von Stunde zu Stunde zwischen den Teilnehmenden und geben die Kontrolle der Diskussion in die Gruppe ab.

Am Anfang jeder Stunde sehen die philosophischen Diplomatinnen anhand des jeweiligen Symbols auf ihrem Namensschild, welche Position sie für diese Stunde innehaben. Die Kursteamerinnen verstehen sich als der 'Hohe Rat', der auch die Macht hat, bei Regelverstößen die vorgestellten und schriftlich fixierten diplomatischen Konsequenzen durchzuführen. Die Regeln, die für unsere Zusammenkunft gelten, werden von den Teilnehmenden erarbeitet und der 'Hohe Rat' sorgt dafür, dass ein angenehmes Diskussionsklima entsteht. Die Regeln sollten den Gesprächsregeln ähnlich sein, zum Beispiel:

1. sich gegenseitig ausreden lassen,
2. keine störende Zwischengespräche führen,
3. keine körperlichen und verbalen Übergriffe machen (wobei gleich zu Anfang geklärt werden müsste, was darunter zu verstehen ist),
4. pünktlich beginnen und enden und
5. ein Fehlen bitte vorher ankündigen und von den Erziehungs-berechtigten bescheinigen lassen.

Die diplomatischen Konsequenzen werden von den Teamerinnen vorgegeben und mittels einer roten und gelben Karte angezeigt. Nach einer ersten Ermahnung kommt mit dem Einsatz der gelben Karte eine Verwarnung und falls er/sie weiter stört, ergeht mit der roten Karte ein Ausschluss vom nächsten Treffen und eine Information an die Eltern. Dieses konsequente Vorgehen spiegelt die Ernsthaftigkeit mit der die Teilnehmenden an die dritte Frage Kants herangehen.

Der *'hohe Rat'* gibt den Teilnehmenden in der ersten Sitzung eine Gesamtübersicht über das komplette Seminar. Die Aufgabe der Teilnehmenden ist es nach realen Konflikten in ihren Ländern zu recherchieren. In der nächsten Sitzung werden diese Konflikte gesammelt und vorgestellt, wobei jedes Land sieben Minuten zur Verfügung hat. Dann wird die Rangreihenfolge der zu besprechenden Konflikte mittels einer offenen Wahl festgeschrieben und gegebenenfalls ein Zeitrahmen zur Besprechung erstellt. Von der dritten bis zur achten Sitzung werden die jeweiligen Konflikte besprochen und unsere Lösungsvorschläge in die Charta festgeschrieben. In der neunten Sitzung findet eine Reflexion der Einzelkonflikte und der Chartainhalte statt. Die Inhalte werden auf ihre interkulturelle und politische Generalisierbarkeit hin überprüft.

Müssten gegebenenfalls Voraussetzungen für die Annahme unserer Chartaeinträge vorhanden sein? Die wichtigste Frage nach dem Menschenmöglichsten:

> *Wie würde ein Idealstaat aussehen?*

Auf der Basis dessen entwickeln wir in der zehnten Sitzung eine philosophische und rechtliche Gesamtempfehlung, um „zum ewigen Frieden" zu kommen.

Als Material verwenden wir:

- Immanuel Kant: Idee zu einer allgemeinen Geschichte in weltbürgerlicher Absicht aus "Berlinische Monatsschrift", November 1784, S. 385-41126,
- die UN Charta und

---

[26] Aus http://gutenberg.spiegel.de/kant/absicht/absicht.htm am 30.12.2007

- Albert Einstein: „Albert Einstein über den Frieden-Weltordnung oder Weltuntergang" aus dem sich die Internationale Liga für Menschenrechte entwickelte.

Jede Diskussionsrunde beginnt mit einem fünfminütigen Lied, um den Schulstress abzulegen und sich auf ein gemeinsames Diskutieren einzustellen. Es ist vorteilhaft, wenn die Vorsitzende der Tafel gegenüber sitzt oder direkt bei der Tafel sitzt, um das erarbeitete Wissen zu visualisieren. Wenn sich nicht alle philosophierenden Teilnehmenden kennen, bedarf es auch in der ersten Einheit einer Kennenlernrunde. Vorteilhaft ist es, wenn die Schülerinnen die vorangegangenen Fragen Kants gemeinsam bearbeitet haben, dann kennen sie sich schon und können sich einschätzen. Leider kann man das im freiwilligen AG-Bereich nicht voraussetzen. Die Teilnehmenden der einzelnen Fragen Kants, die wir jeweils auf ein Schulhalbjahr ansetzten, variierten stark. Ein fester Kern von fünf blieb bis zur letzten Frage.

10.3 Erfahrungen mit der Umsetzung

Kennenlernrunde

Es werden 20 allgemein bekannte Symbole, die den Teilnehmenden bekannt sein sollten, auf den Boden verteilt und die Schüler und Schülerinnen werden angehalten, sich je eines, das zu ihnen passt, auszusuchen. Darauf folgt eine Runde, in der die Fragen geklärt werden: 1. Wer bin ich? 2. Was möchte/erwarte ich von dem Projekt? 3. Was gebe ich dafür? 4. Wie passt das Symbol zu mir?

Bevor gemeinsam diskutiert werden kann, gibt in diesem Spiel jeder seine Erwartungen und Möglichkeiten preis. Die Teilnehmenden fühlen sich ernst genommen und als Teil des kommenden Prozesses.

Rahmenregeln und Diskussionsregeln

Die Gruppe stürzte sich in einem spielerischen Ernst auf die komplexen Vorgaben unserer philosophischen und diplomatischen Gemeinschaft und bestand auf konsequente Umsetzung unsererseits. Die vielen philosophischen Möglichkeiten, die dadurch entstehen könnten, wurden anfangs von den Teilnehmenden nicht gesehen, aber erfahren. Manchen fehlte der Mut, sich stärker einzusetzen oder die Gegenseite stark zu machen und manche gingen in ihrer Rolle so auf, dass sie den Ernst der Regeln spielerisch versuchten, auszudehnen.

Gemeinsames Symbol

Die Gruppe hat die Aufgabe bekommen, sich in der ersten Stunde einen gemeinsamen Namen auszusuchen und ein Wiedererkennungszeichen (z.B. eine Flagge) zu entwerfen, um das gemeinsame Zugehörigkeitsgefühl zu verstärken. Die Teilnehmenden werden dadurch motiviert weniger distanziert und persönlicher zu argumentieren. Da in einer Arbeitsgemeinschaft ein außerschulisches Engagement nicht erwartet werden darf, muss die gemeinsame Erarbeitung in der Schule von statten gehen.

Konflikte

Die von den Jugendlichen recherchierten, in Reihe gebrachten Konflikte, waren:

1. gerechte Geldverteilung,
2. Kinderarbeit,
3. Bahnstreik,
4. Gleichberechtigung allen Menschen in allen Ländern
Zusätzlich:
Energiegewinnung,
Kriege zwischen den Ländern,
Kinderhilfe.

Alle zusätzlich genannten Konflikte wurden anfangs ausgesucht und bekamen von der Gruppe bei der Wahl keine Stimmen.

Die Hauptthemen, mit denen sich die Jugendlichen beschäftigten, waren: Gerechtigkeit-Ungerechtigkeit, Gleichberechtigung-Ungleichberechtigung und der Schutz von Schwächeren.

Spiele

Um Erfahrungen am eigenen Leib zu machen und nicht nur darüber zu diskutieren, führten wir die Geldverteilung in unserem eigenen Land aktiv selber ein und spielten ein komplexes Brettspiel, das auf den aktuellen Länderdaten basierte. Dieses Spiel war von seiner Konzeption her für einige Mitspieler zu komplex und in einer Stunde nicht zu überblicken oder zu bewältigen.

Die meisten Kinder und Jugendlichen sind leicht von Spielen zu begeistern, sie verlangten in unseren Stunden immer wieder aufs Neue danach. Das Lernen wird beim Spielen komplett verdrängt, es hat so gar nichts mit Schule zu tun. Trotzdem kommt das Lernen unbemerkt, wie durch eine Hintertür, zu dem Spielenden.

11. Was ist der Mensch?

11.1 Kant

Als Zusammenfassung seiner vorhergehenden Fragen formuliert Kant die letzte Frage. Nach der Erarbeitung der Kategorien, des kategorischen Imperativs und der Wege zum ewigen Frieden, lokalisieren wir den Menschen in der Welt. Was bedeuten die Erkenntnisse aus den vorherigen Fragen für den Menschen und unsere Sicht auf ihn?

Was ist der Mensch für Kant?

Kant stellt verschiedene Merkmale des Menschen zusammen, um ein Gesamtbild zu formen. Im folgenden werden die wichtigsten Attribute aufgeführt und mithilfe von wesentlichen Zitaten von Immanuel Kant beschrieben.

Eine empirische Erscheinung und ein bedürftiges Wesen in der Sinnenwelt.

„Der Mensch ist eine von den Erscheinungen der Sinnenwelt, und in so fern auch eine der Naturursachen, deren Kausalität unter empirischen Gesetzen stehen muß.“[27]

„Der Mensch ist selbst Erscheinung. Seine Willkür hat einen empirischen Charakter, der die (empirische) Ursache aller seiner Handlungen ist.“[28]

„Der Mensch ist ein bedürftiges Wesen, so fern er zur Sinnenwelt gehört und so fern hat seine Vernunft allerdings einen nicht abzulehnenden Auftrag, von Seiten der Sinnlichkeit, sich um das Interesse derselben zu bekümmern und sich praktische Maximen, auch in Absicht auf die Glückseligkeit dieses, und, wo möglich, auch eines zukünftigen Lebens, zu machen.“[29]

unheilig und heilig

---

[27] Kant: Kritik der reinen Vernunft. DB Schüler-Bibliothek: Philosophie, S. 13792 (vgl. Kant-W Bd. 4, S. 497-498)

[28] Kant: Kritik der reinen Vernunft. DB Schüler-Bibliothek: Philosophie, S. 13799 (vgl. Kant-W Bd. 4, S. 502

[29] Kant: Kritik der praktischen Vernunft. DB Schüler-Bibliothek: Philosophie, S. 14424 (vgl. Kant-W Bd. 7, S. 179)

Kant für Kinder - Birgit Becker, Marc Borner

„Der Mensch ist zwar unheilig genug, aber die Menschheit in seiner Person muß ihm heilig sein."[30]

Zweck an sich, nicht Mittel

„In der ganzen Schöpfung kann alles, was man will, und worüber man etwas vermag, auch bloß als Mittel gebraucht werden; nur der Mensch, und mit ihm jedes vernünftige Geschöpf, ist Zweck an sich."[31]

„Handle so, daß du die Menschheit, sowohl in deiner Person, als in der Person eines jeden andern, jederzeit zugleich als Zweck, niemals bloß als Mittel brauchest."[32]

„Der Mensch aber ist keine Sache, mithin nicht etwas, das bloß als Mittel gebraucht werden kann, sondern muß bei allen seinen Handlungen jederzeit als Zweck an sich selbst betrachtet werden. Also kann ich über den Menschen in meiner Person nichts disponieren, ihn zu verstümmeln, zu verderben, oder zu töten."[33]

sittlich gut oder sittlich böse

„Wenn wir also sagen: der Mensch ist von Natur gut, oder, er ist von Natur böse: so bedeutet dieses nur so viel, als: er enthält einen (uns unerforschlichen) ersten Grund der Annehmung guter, oder der Annehmung böser (gesetzwidriger) Maximen; und zwar allgemein als Mensch, mithin so, daß er

---

[30] Kant: Kritik der praktischen Vernunft. DB Schüler-Bibliothek: Philosophie, S. 14472 (vgl. Kant-W Bd. 7, S. 210)

[31] Kant: Kritik der praktischen Vernunft. DB Schüler-Bibliothek: Philosophie, S. 14472 (vgl. Kant-W Bd. 7, S. 210)

[32] Kant: Grundlegung zur Metaphysik der Sitten. DB Schüler-Bibliothek: Philosophie, S. 14241 (vgl. Kant-W Bd. 7, S. 61

[33] Kant: Grundlegung zur Metaphysik der Sitten. DB Schüler-Bibliothek: Philosophie, S. 14241 (vgl. Kant-W Bd. 7, S. 61

durch dieselbe zugleich den Charakter seiner Gattung ausdrückt.

Wir werden also von einem dieser Charaktere (der Unterscheidung des Menschen von andern möglichen vernünftigen Wesen) sagen; er ist ihm angeboren; und doch dabei uns immer bescheiden, daß nicht die Natur die Schuld derselben (wenn er böse ist), oder das Verdienst (wenn er gut ist) trage, sondern daß der Mensch selbst Urheber desselben sei."[34]

„(...) der Mensch ist (von Natur) entweder sittlich gut oder sittlich böse. Es fällt aber jedermann leicht bei, zu fragen: ob es auch mit dieser Disjunktion seine Richtigkeit habe; und ob nicht jemand behaupten könne, der Mensch sei von Natur keines von beiden; ein andrer aber: er sei beides zugleich, nämlich in einigen Stücken gut, in andern böse. Die Erfahrung scheint sogar dieses Mittlere zwischen beiden Extremen zu bestätigen."[35]

„Was der Mensch im moralischen Sinne ist, oder werden soll, gut oder böse, dazu muß er sich selbst machen, oder gemacht haben. Beides muß eine Wirkung seiner freien Willkür sein; denn sonst könnte es ihm nicht zugerechnet werden, folglich er weder moralisch gut noch böse sein."[36]

„Der Satz: der Mensch ist böse, kann nach dem Obigen nichts anders sagen wollen, als: er ist sich des moralischen Gesetzes bewußt, und hat doch die (gelegenheitliche) Abweichung von demselben in seine Maxime aufgenommen."[37]

---

[34] Kant: Die Religion innerhalb der Grenzen der bloßen Vernunft. DB Schüler-Bibliothek: Philosophie, S. 15338 (vgl. Kant-W Bd. 8, S. 667-668)
[35] Kant: Die Religion innerhalb der Grenzen der bloßen Vernunft. DB Schüler-Bibliothek: Philosophie, S. 15339 (vgl. Kant-W Bd. 8, S. 668)
[36] Kant: Die Religion innerhalb der Grenzen der bloßen Vernunft. DB Schüler-Bibliothek: Philosophie, S. 15372 (vgl. Kant-W Bd. 8, S. 694-695)
[37] Kant: Die Religion innerhalb der Grenzen der bloßen Vernunft. DB Schüler-Bibliothek: Philosophie, S. 15353 (vgl. Kant-W Bd. 8, S. 680tr)

11.2 Die philosophische-praktische Umsetzung

In der Gruppe behandeln wir die von Kant aufgestellten Merkmale eines Menschen jeweils mit kleineren Übungen, die folgend aufgezählt werden.

Zur Aussage: „Der Mensch ist eine empirische Erscheinung und ein bedürftiges Wesen in der Sinnenwelt"

Jeder Teilnehmende sammelt für sich, was er/sie zum Leben unbedingt braucht. Ohne diese könnte er nicht leben? An der Tafel werden die menschlichen Bedürfnisse verallgemeinert.

> *Was braucht jeder Mensch zum Leben?*
> *Ohne was könnte kein Mensch leben?*

Weitere Fragen, die dazu passen:

> *Wo ist der Mensch zwischen den anderen Menschen?*
> *Welchen Ängsten und Gefahren kann er nicht entgehen?*

Diesen Fragen kann man sich graphisch in einem Angstbuch nähern, indem die Teilnehmenden gefragt werden; wovor sie Angst haben?

Zur Aussage: „Der Mensch ist Zweck an sich, nicht Mittel"

Der Mensch kann nicht wirklich Mensch sein, wenn er kein Bild von einer wertvollen Menschheit in sich trägt. Dieses Bild entsteht aus einer Vernunfteinsicht.

Nach Kant trägt jeder dieses Bild in sich. Aber nur, wenn man dieses Bild in sich schätzt, kann es im Gegenüber erkannt werden. Damit kann das Gegenüber niemals allein als Mittel, sondern nur als Zweck an sich gebraucht werden.

Fragen, die hier behandelt werden, sind:

Die Teilnehmer sammeln in einer übergroßen Mindmap-Karte die Beziehungen, die ein einzelner Mensch zu anderen haben kann:

Zur Aussage: „Der Mensch ist sittlich gut oder sittlich böse"

Nur innerhalb des moralischen Gesetzes sind gute oder schlechte Handlungen möglich. Ein Mensch handelt böse, wenn er sich wissentlich gegen das moralische Gesetz entscheidet. Das Potential für das Gute liegt laut Kant in jedem Menschen und muss ausgebildet werden.

Fragen, die diesen Problembereich eröffnen, wären:

Für Kant ist jedes Kind von Geburt an böse, hat aber alle Potentiale von Gut in sich, die es im Laufe der Zeit erarbeiten kann. Auch dies sollte gründlich in der Gruppe geklärt werden:

Sind wir von Geburt an böse oder gut? Ist jeder Mensch, der auf die Welt kommt böse und kann als Kind lernen das ihm gegebene Potential auszuschöpfen ein guter Mensch zu werden?

Zur Aussage: „Der Mensch ist eine abstrakte Statue in einem Profil"

Der Mensch ist mit seinem Körper an das Leben und Dasein gebunden, wobei sich sein Geist von diesem loslösen kann und Gegebenheiten und Formen hinterfragt. Als praktische Übung zu dieser Aussage wird die Form eines Teilnehmenden auf einem großen Papier nachgezeichnet. Die Gruppe formt anschließend in Ton die Antwort auf die Frage:

Was ist der Mensch in welchem Körperteil?

und legt die Kunstwerke auf die jeweiligen Körperstellen. Eine begründete Präsentation kann dieser künstlerischen Einlage folgen, wobei auch zuerst die Betrachtenden zu Wort kommen dürfen.

12. Abschlussreflexion

Im Anschluss an alle Einheiten wird die Enzyklopädie für Außerirdische auf ihre Brauchbarkeit hin untersucht und kontrolliert, ob die Einträge überarbeitet werden sollten oder so, wie sie sind, immer noch Bestand haben. Eine Abschlussevaluation rundet das Konzept „Kant für Kinder" ab und macht Lust auf neue Konzepte.

Das Konzept ist primär für Jugendliche ab dem 12. Lebensjahr konzipiert, aber ebenso übertragbar auf jüngere Kinder und auf andere Schulzweige, selbst wenn es bislang nur den gymnasialen Schulzweig erreicht hat. Die Teilnehmenden führten verblüffende Ergebnisse zu Tage, die unsere Erwartungen weit übertrafen. Die chronologische Kumulation im Jugendlichen von Disziplin, Zivilisation, Kultivierung und Moralisierung, auf die das Philosophieren für Kant aufbaut, ist unserer Erfahrung nach nicht notwendig. Das Philosophieren läuft Hand in Hand mit diesen Stufen der Bildung. Erst wenn die Erwachsenen die Jugendlichen „als" Philosophierende und damit „als" Wahrheitssuchende in unserer Gesellschaft ernst nehmen und anerkennen, zeigen sie den Jugendlichen ihr Potential für Disziplin, Zivilisierung, Kultivierung und Moralisierung. Auf diesem selbstgesichteten Potential kann dann aufgebaut werden. Diese Instanzen der Bildung sowie das moralische Gesetz sind jedem Menschen inne und müssen zur Selbsteinsicht führen, bevor Gewinn bringend darauf gesetzt werden kann.

Die jugendlichen Philosophierenden trainieren während ihres gemeinsamen Suchens nach der Wahrheit (in ihrem Philosophieren) zum einen immer wieder Toleranz und Respekt gegenüber anderen sowie gegenüber deren Gedanken, zum anderen auch ihre Disziplin, indem sie sich selbst - einer größeren Sache zuliebe - zurückhalten.

Die Tätigkeit des Philosophierens macht die Einzelne handlungsfähig und lässt sie frei. Damit bindet sie sich an die Gesellschaft und ist ihr nicht ausgeliefert. Das praktizierte Philosophieren ist ein bedeutender Bildungsprozess, weil es die Philosophierende für Ungereimtheiten sensibilisiert und sie befähigt, kritisch urteilsfähig zu werden und zu bleiben. Die Fähigkeit, das Allgemeine zu dem Besonderen zu finden (d.h. Abstraktionen zu praktizieren), ist hierbei ein Beispiel, Verblendungen der Gesellschaft nicht ausgeliefert zu sein und als Philosophin kritisch handlungsfähig zu bleiben.

Mit der erfolgreichen Durchführung von mehreren Runden haben wir bewiesen, dass das Philosophieren mit Kindern möglich und absolut wünschenswert ist. Die Schülerinnen hatten Spaß am eigenen Denken und erleben den Ort Schule als glaubwürdigen Bildungsort, weil sie ihn selber kritisch als Bildungsort hinterfragen dürfen und ihnen nichts in den Mund und den Kopf gelegt wird.

13. Literaturverzeichnis

Blankertz, Herwig. (1982) Die Geschichte der Pädagogik. Von der Aufklärung bis zur Gegenwart. Büchse der Pandora: Wetzlar.

Brüning, Barbara. (1990) Mit dem Kompaß durch das Labyrinth der Welt. Wie Kinder wichtige Lebensfragen auf die Spur kommen. Bad Münder: Leibniz-Bücherwarte.

Brüning, Barbara. (2001) Philosophieren in der Grundschule. Grundlagen-Methoden-Anregungen. Berlin: Cornelson Verlag Scriptor GmbH & Co.

Daurer, Doris (1999) Staunen, Zweifeln, Betroffensein. Weinheim. Basel: Beltz Verlag.

Einstein, Albert (1975) Albert Einstein über den Frieden: Weltordnung oder Weltuntergang?. Bern: Herbert Lang Verlag

Euler, Peter. (1989) Pädagogik und Universalienstreit. Zur Bedeutung von F.I. Niethammers pädagogischer „Streitschrift". Weinheim: Deutscher Studienverlag. Seite 330 bis 341

Elschenbroich, Donata. (1977) Kinder werden nicht geboren. Studien zur Entstehung der Kindheit. Päd. Extra buchverlag.

Gaarder, Jostein. (1999). Hallo, ist da jemand? Deutscher Taschenbuchverlag, Reihe Hauser. München: Carl Hanser Verlag, Wien. Seite 21/22

Gross, Felix. Immanuel Kant. (1993) Sein Leben in Darstellungen von Zeitgenossen. Die Biographien von L.E. Borowski (B), R.B. Jachmann (J) und E.A.Ch. Wasianski (W). Wissenschaftliche Buchgesellschaft Darmstadt

Helferich, Christoph. (1992) Geschichte der Philosophie. Von den Anfängen bis zur Gegenwart und östliches Denken. Deutscher Taschenbuchverlag GmbH & Co KG: München

Höffe, Otfried. (1992) Immanuel Kant. 3. Auflage. München: Beck

Friedländer, Salomo (2004) Kant für Kinder. Fragelehrbuch zum sittlichen Unterricht. Mit einem Essay von Kants Kinder von Detlef Thiel. Hildesheim: Olms.

Kant, Immanuel. (1982) Immanuel Kants Nachricht von der Einrichtung seiner Vorlesung in den Winterhalbjahren 1765/66. In: Kant, Immanuel. Ausgewählte Schriften zur Pädagogik und ihre Begründung. Groothoff,

Hans Hermann. Reimers, Edgar. Ausgewählte pädagogische Schriften. Paderborn: Westermann Taschenbuch

Kant, Immanuel. (1983a) Was heißt sich im Denken orientieren? In: Weischedel, Wilhelm. Kant, Immanuel: Werke in sechs Bänden zur Metaphysik und zur Logik. Band III. Darmstadt: Wissenschaftliche Buchgesellschaft

Kant, Immanuel. (1983b) Über Pädagogik. In: Kant, Immanuel, In: Werke in sechs Bänden. Weischedel, Wilhelm. Schriften zur Anthropologie, Geschichtsphilosophie, Politik und Pädagogik. Band VI. Darmstadt: Wissenschaftliche Buchgesellschaft

Kunzmann, Peter. (2003) DTV Atlas der Philosophie, Auszug über Kant. 11. aktualisierte Auflage. München: Deutscher Taschenbuch Verlag.

Niewiem, Michael. (2001) Über die Möglichkeit des "Philosophierens mit Kindern und Jugendlichen", Auffassungen aus zweieinhalb Jahrtausenden. Münster: Waxmann Verlag GmbH.

Nohl, Hermann. (1922) Die Philosophie in der Schule. In: Nohl, H. (1949): Pädagogik aus dreißig Jahren. Frankfurt am Main: Schulte-Bulmke

Schiffler, Horst. Winkeler, Rolf. (1991) Tausend Jahre Schule. Eine Kulturgeschichte des Lernens in Bildern. Stuttgart, Zürich: Belser Verlag. Seite 58 ff.

Wuchterl, Kurt. (1998) Lehrbuch der Philosophie. 5. Auflage. UTB für Wissenschaft: Uni Taschenbücher. Seite 5

Wichtige Internetadressen, Stand August 2016:

Hamburg:

www.ew.uni-hamburg.de/einrichtungen/ew4/didaktik-der-alten-sprachen/arbeitskreis-philosophieren-mit-kindern.html

München:

kinder-philosophieren.de/akademie-kinder-philosophieren/

Berlin:

www.diekleinendenker.de/blog/

Darmstadt:

www.paidosophos.de

Zeitschrift für Didaktik der Philosophie und Ethik:

www.siebertverlag.de

www.siebertverlag.de/ZDPE/index.html

www.siebertverlag.de/Buchprogramm/Philosophie/Buchprogramm_Philos.html

Kinderphilosophieinstitut in Österreich:

www.kinderphilosophie.at

Schweizer Dokumentationsstelle für Kinder- und Alltagsphilosophie:

www.kinderphilosophie.ch

Internationale Linkliste für das Philosophieren mit Kindern:

p4c.net

IAPC News & Events Kalender:

www.montclair.edu/cehs/academics/centers-and-institutes/iapc/

Hawaii:

hawaii.edu/phil

Plattformen zu anderen Kinderphilosophieseiten:

www.philopage.de

www.die-philosophen.de/kinder.html

www.philosophenlexikon.de

phipho-silvia.blogspot.de

Zu Kant:

Immanuel Kant: Idee zu einer allgemeinen Geschichte in weltbürgerlicher Absicht aus "Berlinische Monatsschrift", November 1784, S. 385-411, die UNO Charta und Einstein- „Bund für Frieden:

http://gutenberg.spiegel.de/kant/absicht/absicht.html

Anhang I

Sekundarstufe I, 5. - 7. Klasse, Klassifikationen unter der Frage: 'Was können wir wissen?'

Gruppe 1

Viel

Noch Unerforschtes	Das was man bereits schon weiß.	Willen und Entscheidungen
Die Menschheit wird immer mehr wissen und kann mehr Wissen aufnehmen. Vielleicht könnten Menschen bald alles wissen, aber was ist ALLES?	Vieles, z.B. das was Forscher erforscht haben.	Er kann wissen, was man wissen will!

Das was man bereits schon weiß.

Alles, was wir herausgefunden haben.

Erforschtes

Noch Unerforschtes	Erforschtes
Der Mensch kann vieles wissen aber niemals alles! z.B. bleiben Fragen offen, wie: Gibt es Gott?	Er kann alles über Mathe und schulische Dinge wissen, aber es gibt niemanden, der allwissend ist.

Sekundarstufe I, 5. - 7. Klasse, Klassifikationen unter der Frage: 'Was kann der Mensch wissen?'

Gruppe 2

Forschung im Sinne von Wissenschaft	**Begrenztes Wissen**
Der Mensch kann alles Wissen, wenn er ihm nachgeht.	Nicht so viel, wie wir wissen wollen.
Mit Forschen und Suchen, kann der Mensch alles wissen.	Nicht alles, es gibt nicht auf jede Frage auch eine Antwort.
Er weiß alles, was er sich gefragt hat und eine Antwort darauf gegeben hat.	Nur das, was wir wissen, Babys wissen z.B. nicht, wie man richtig spricht.
Was er lernt.	Das, was wir gelernt haben.
Alles, was wir wissen wollen	Der Mensch kann nicht unbegrenzt viel wissen und sich nicht alles merken.
Wir können wissen, was wir wissen wollen, denn der Mensch hat ein unendliches Denkvermögen.	..es sei denn er schreibt es sich auf.

Judith Ebersoll (ehemals Pfeiffer) von Paidosophos philosophiert mit Fünftklässlern.

Paidosophos entstand aus der konkreten Arbeit mit Kindern und jungen Erwachsenen. Wir möchten eine besondere Form des Lehrens vermitteln, welches die philosophische Kompetenz als Bestandteil von Bildungsprozessen fördert. Unter philosophischer Kompetenz verstehen wir u.a. Reflektions- und Irritationsfähigkeit, vernetztes Denken, aktivierendes Handlungspotential und soziale Demokratiefähigkeit. Unser Unternehmen führt das Philosophieren mittels Fort- und Weiterbildungen für pädagogische Fachkräfte, sowie durch Angebote an Kindergärten und Schulen, in die gesellschaftliche Praxis über.

Kant für Kinder - Birgit Becker, Marc Borner

Notizen: